언택트 시대
생존 방법

언택트 시대
생존 방법

초판 1쇄 인쇄 | 2020년 9월 1일
초판 1쇄 발행 | 2020년 9월 7일

지 은 이 | 박희용, 장종희, 양나영, 김세진
발 행 인 | 이상만
발 행 처 | 정보문화사

책 임 편 집 | 노미라
교정 · 교열 | 안종군

주 소 | 서울시 종로구 동숭길 113 (정보빌딩)
전 화 | (02)3673-0114
팩 스 | (02)3673-0260
등 록 | 1990년 2월 14일 제1-1013호
홈 페 이 지 | www.infopub.co.kr

I S B N | 978-89-5674-855-9(13320)

위기를 기회로 바꾸는 성장 마인드셋

언택트 시대 생존 방법

박희용 · 장종희 · 양나영 · 김세진 지음

UNTACT

정보문화사
Information Publishing Group

문명의 이기는 현대 사회를 살아가는 우리에게 새로운 변화에 대한 적응과 도전이라는 과제를 던져주고 있다. 이 과제는 현재를 슬기롭게 살아갈 수 있는 동기를 유발하고 좀 더 나은 미래를 준비할 수 있는 기회 요소를 제공했다.

'지금'이라는 순간을 맞이하기까지 인류는 수많은 문제 해결 과정에서 생존 방법을 찾으며 진화했다. 2020년 상반기에 갑작스럽게 나타난 코로나19 바이러스는 예측할 수 없는 외부 환경의 변화로 크나큰 문제를 만들어냈다. 전 세계의 움직임이 멈추면서 새로운 표준이 만들어졌고 이 기준을 지키기 위해 많은 희생을 감수해야만 했다.

개인의 일상생활에서부터 기업 경영 활동에 이르기까지 많은 시행착오를 겪었다. 강력한 바이러스를 뼛속까지 경험하게 되면서 값진 수업료를 지불했다. 이제는 비대면, 비접촉이라는 단어가 낯설지가 않다. 갑작스럽게 바뀐 내외부 환경에 적응했기 때문이다. 그래도 방심은 금물이다. 언제 어디서나 어려운 과제가 발생할 수 있다. 포스트 코로나 환경에 슬기롭게 대응하고 우리들은 새롭게 도래한 언택트 시대에 적응하기 위해 변화와 도전에 과감히 맞서야 한다.

PART 01에서는 언택트 시대에 변화한 우리들의 일상과 이에 대한 마인드셋을 다룬다. 여기서 마인드셋은 나를 지켜주는 갑옷인 태도와 나만의 강력한 무기인 브랜드, 나를 보호해주는 방패인 협력과 이를 기반으로 한 자기경영을 말한다. 이와 아울러 코로나19의 파고를 넘어갈, 디자인 씽킹, 비즈니스 모델을 살펴본다.

결국 이것들은 나 자신에 대한 이해로 귀결된다. 나를 온전하게 파악하지 못하면 외부로부터 강력한 충격파가 올 때마다 흔들릴 수밖에 없다. 위기에 흔들리지 않으려면 지금부터라도 자신을 살펴보는 노력이 필요하다.

PART 02에서는 코로나19 이후 비대면 문화가 개인의 일하는 방식에 어떠한 영향을 미치는지를 살펴본다. 이와 아울러 기업이 시간과 장소에 구애받지 않는 비대면 업무 방식으로 도입하고 있는 유연근무제 및 스마트 오피스도 살펴본다. 이러한 업무 방식에 필요한 홈 오피스 구성 방법, 홈 오피스템, 협업 툴에는 어떠한 것이 있는지도 소개한다. 팁으로는 비대면 업무 방식에서 중요하게 생각하는 화상 회의, 화상 면접 스킬도 소개한다. 여기에서 소개하는 개인의 일하는 방식 및 필요한 IT 도구, 스킬 등은 '포스트 코로나에 개인이 어떻게 일하고 어떻게 대처해야 할 것인가?'라는 궁금증을 해소해줄 것이다.

PART 03에서는 호모 언택티쿠스가 활약하는 비즈니스의 대전환기에 나의 비즈니스를 설계하는 데 참조가 될 만한 사례를 소개한다. 언택트 시대에 대두되고 있는 주요 비즈니스 분야인 구독경제와 공유경제, 플랫폼경제의 개념과 현황 등을 사례와 함께 살펴본다. 리테일테크를 발판으로 삼아 코로나19 이후에 떠오르는 라이브 커머스와 같은 유통 혁신 사례들도 짚어보면서 향후 급변하는 언택트 비즈니스 환경을 조망해본다. 또한 비즈니스 모델의 유형들을 검토하면서 나의 비즈니스에 적용할 수 있는 인사이트를 도출하고 최적의 비즈니스 전략을 수립해볼 것이다.

PART 04에서는 언택트 시대에 이슈가 되고 있는 키워드를 다룬다. 그 예로는 다양한 대중매체에 소개된 밀레니얼 세대, 라이브 커머스, 디지털 전환, 비대면 유통, 홈코노미, 융합 등을 들 수 있다. 소상공인, 중소·중견 기업이 거대한 변화의 물결에 휩쓸리지 않으려면 학습을 해야 한다.

언택트 시대는 기업 경영 환경에 많은 과제와 전략 수정을 요구하고 있다. 특히 고객에 대한 접근이 중요해지고 있다. 고객이 기대하는 가치가 달라졌기 때문이다. 오프라인 매장에 가면 위생 관리와 방역 조치는 잘되고 있는지 파악하고, 스마트 상점에서 상품을 구매할 때는 서비스 추가 혜택, 경험성, 만족도 등을 꼼꼼하게 살펴본 후에 구매의사를 결정한다. 강력한 바이러스가 고객의 기대 수준을 높인 것이다.

코로나19 바이러스 이후의 세상은 그 누구도 쉽게 예단할 수 없다. 하지만 확실한 것은 '코로나19 이전의 세상으로 다시 후퇴하지는 않을 것'이라는 사실이다. 지금 현실이 아무리 힘들더라도 과거를 딛고 앞으로 나아가기 위해서는 그에 걸맞은 그림을 그려야 한다. '미래는 그림을 그리는 자의 몫'이라는 말이 있다. 이 책을 읽고 있는 독자들이 어떠한 생각을 하고 있고, 어떠한 계획을 세우고 있는지에 따라 개인과 사회, 대한민국의 미래가 달라질 것이라 생각한다.

이 책을 출간할 수 있는 기회를 준 정보문화사와 도움을 주신 모든 분께 감사드린다.

– 공저자 일동

　　미래를 예측하는 이야기가 넘쳐나고 있는 불확실성의 시대다. 이 책의 저자들은 포스트 코로나 이후의 혁명적 변화를 정확하게 분석함으로써 기업과 개인이 무엇을, 어떻게 해야 하는지를 알려주고 있다. 이 책은 현재의 상황을 직시하고 미래를 예측하는 길라잡이 역할을 해줄 것이라 확신한다.

　　　　　　　　　　　　　　　　　　　　　　－ 박명규(에듀윌 대표)

　　4차산업혁명으로 나라가 떠들썩한 와중에 남의 나라의 일로만 여기던 코로나19가 모든 것들을 바꿔버렸다. 앞으로 무엇을, 어떻게 해야 할지 막막해하고 있는 사람에게 적극 추천한다.

　　　　　　　　　　　　－ 정철상(인재개발연구소 대표,《아보카도 심리학》저자)

차례

PART 01 언택트, 나를 되돌아보다   10

PART 02 표준화된 일에 급제동이 걸리다   60

PART

01

언택트,
나를 되돌아보다

사람과의 접촉만으로도 감염되는 코로나 19 바이러스로 인해 세상이 변하고 있다. 사람과 사람의 직접적인 접촉을 최소화하는 언택트(untact) 시대가 도래했다. 언택트는 우리의 의식주와 라이프스타일, 즉 우리가 사는 방식을 변화시키고 있다. 이렇게 변화된 세상에서 살아가기 위한 마인드셋과 사고법, 생존력에 대해 알아본다.

언택트,
익숙함과의 이별

프랑스 역사학자 막스 갈로(Max Gallo)는 "실오라기 하나로는 카펫 전체의 촉감을 알 수 없다."라고 말했다. 하나의 혁명은 단일한 이벤트로 보일 수 있지만, 혁명은 결코 이런 방식으로는 경험할 수 없다. 혁명적인 변화 속에서는 일상생활의 익숙함이 사라지고 기존 전통과 관행이 의미를 잃는다. 혁명은 매우 불안하고 과거 · 현재 · 미래의 통합적인 사고와 시선이 필요한 혁신적 대전환을 요구한다.

'코로나19 팬데믹'은 '퍼펙트 스톰'이 돼 영화에서나 볼 법한 도시의 셧다운(shutdown)을 실화처럼 만들었다. 여기서 퍼펙트 스톰이란, 위력이 크지 않은 태풍이 다른 자연 현상과 동시에 발생하면 그 파괴력이 폭발적으로 확대되는 현상으로, 미국 뉴욕대 스턴스쿨의 누리엘 루비니(Nouriel Roubin)가 '초대형 경제 위기'를 지칭해 만든 신조어다. 코로나19가 창궐하면서 적색 경보가 내려지고 경제 순환이 멈춰 버렸다. 모든 것이 한순간에 멈춰 버린 듯 고요한 세상으로 바뀌는 것을 전 세계인이 목격하기도 했다. 코로나19는 BC(Before Corona)와 AC(After Corona)라는 단어가 나올 정도로 전 세계의 모든 것을 완전히 바꿔 놓았다.

역사학자 아놀드 토인비는 《역사의 연구(A Study of History)》에서 문명이 만나는 도전의 유형을 ① 척박한 땅이 주는 자극, ② 새로운 땅이 주는 자극, ③ 갑작스런 외부의 공격, ④ 외부의 계속적인 압박, ⑤ 사회 내부 집단에 대한 압제로 나눴다. 지금의 시대를 토인비의 시각에서 바라보면 '갑작스런 외부의 공격 바이러스'와 '문명'이 만나는 도전적인 상황이므로 우리가 어떻게 응전하는지에 따라 이후의 세상이 달라질 것이다.

구분	연도	2019년 BC(Before Corona)	2020년 AC(After Corona)
일상	외부 활동	언제든지 외부 활동이 가능함	특별한 경우를 제외하고는 외부 활동 자제
	심리 상태	개인의 환경에 따라 다름	코로나19 사태로 심리적인 불안감 가중 (일명 코로나블루)
	만남	의무감 · 관계를 위한 만남	꼭 필요하지 않으면 만남보다는 비대면 커뮤니케이션 활용(전화, 채팅 등)
	마스크	기관지 또는 건강이 좋지 않은 사람이 착용	대중교통/공공장소 이용 시 누구나 착용 (마스크 착용은 나와 타인에 대한 배려)
	병원	몸에 이상이 있을 때마다 방문함	크게 아프지 않으면 병원 방문 자제
	집	휴식 공간	멀티 공간(휴식, 업무, 운동)으로 진화 중
	쇼핑	온 · 오프 병행	가능하면 온라인으로 주문, 신선 식품은 새벽 배송 이용
	교육	대부분의 교육은 오프라인에서 진행	특별한 경우를 제외하고는 온라인으로 진행
회사	근무	정시 출퇴근(9 to 6)	재택근무, 유연근무의 대중화
		몸이 아파도 가능한 한 출근함	몸이 아프면 무조건 집에서 휴식을 취함
	일하는 방식	근무 시간이 중요함	근무 시간보다 일의 결과물이 중요함
	업무 미팅	일반적인 거래처 방문 및 회의는 오프라인에서 면대면으로 진행	특별한 경우를 제외하고는 화상회의로 진행
	회식	필요할 때마다 오프라인으로 진행	특별한 경우에만 특별한 방식으로 진행

경제 기관차, 빨간색 신호등 앞에서 멈추다

2020년 상반기 실물경제는 만나는 것만으로도 감염 위험에 노출되는 코로나19에 KO패를 당했다. 그 덕분에 지구의 자연환경은 깨끗해졌지만, 전 세계의 경제 엔진은 잠시 멈춤 상태에 들어갔다.

예전에는 경험해보지 못했던 사람 간의 강제 접촉 차단은 외부 활동, 특히 경제활동을 어렵게 만들었다. 자영업자 및 일용직 근로자, 프리랜서, 서민 등 실물경제와 밀접하게 연관된 사람에게도 큰 고통을 안겨주고 있다.

국가의 정책만으로 이 모든 것을 코로나19 이전으로 되돌려놓을 수는 없다. 시대 변화에 맞는 일자리와 산업을 양성하고 실업자를 다시 일터로 복귀시켜야 한다. 이를 위해서는 어둠의 긴 터널을 지날 마음의 준비를 하고 있어야 한다.

코로나19의 장기화에 따른 스트레스로 사회적 우울감을 나타내는 '코로나 블루'라는 신조어가 생기는가 하면, 개인의 일상생활에서 기업의 생태계에 이르기까지 시간 · 장소 · 상황과 관련돼 있는 질서가 모두 바뀌었다.

무게중심이 면대면에서 비대면으로 이동하다

우리가 사는 세상의 주된 통로는 사람과 사람이 만나는 오프라인 공간이었다. 아무리 온라인이 대세고 전자상거래가 유통을 변화시켰더라도 오프라인은 휴먼터치 포인트, 즉 교감(交感)의 중심이었다. 일터에서 업무를 마치고 나면 오랜만에 친구를 만나 먹고 마시고 쇼핑하고 대화하면서 그동안의 스트레스를 풀었다. 하지만 세상이 하루아침에 변했다. 집 밖은 위험하므로 당분간 외부 활동을 자제하고 사람과의 만남을 최소화하며 사람이 많이 모이는 공간보다는 집안에 거주해야 하는 상황이 된 것이다.

우리가 할 수 있는 일은 그리 많지 않다. 사람을 만나지 않으면서 삶을 영위해야만 한다. 이러한 환경을 대변하는 키워드 중 가장 대표적인 것이 '언택트(untact)'다.

언택트는 '접촉하다'라는 뜻을 지닌 '콘택트(conatct)'에 부정적인 의미를 지닌 '언(un-)'을 합성한 말이다. 인공지능(Artificial Intelligence, AI), 사물 인터넷(Internet of Things, IoT), 가상현실(Virtual Reality, VR), 키오스크(Kiosk, 무인화 주문기), 챗봇(Chatbot, 메신저에서 사용자와 소통하는 대화 서비스) 등과 같은 첨단 기술을 활용해 소비자와 점원(타인)의 접촉을 최소화하는 것을 의미한다. 소비자는 비대면으로 상품을 구매할 수 있어 부담감이 없다.

또한 온택트(ontact)는 콘택트에 '연결'의 의미를 지닌 '온(on)'을 합성한 개념이다. 온라인을 이용한 외부 활동이나 비대면 거래는 모두 온택트의 범주에 포함된다. 이노션월드와이드는 "사람 사이의 물리적 거리는 유지하되, 개인 일상의 삶을 영위하고 사회가 정상적으로 운영되려면 언제든 원할 때 서로를 연결할 수 있어야 한다."라고 이야기한다.

'언택트'는 코로나19 이전에도 사용되고 있던 개념으로, 우리에겐 그리 낯설지 않은 단어다. 2015년 12월 금융위원회는 탄력적인 은행 영업 시간과 비대면 거래 활성화를 위한 비대면 계좌 개설 서비스를 진행했다. 비접촉 서비스는 정보 기술의 발전으로 우리들의 일상생활 속에 자연스럽게 스며들었다. 또한 사회적 거리두기로 삶의 패턴이 바뀌고 비접촉 기술을 접하는 기회가 많아지면서 여러 곳에서 언택트 기술이 활용되고 있다. 우리는 이처럼 대중교통을 이용할 때, 무인점포에서 카드 결제를 할 때, 회사에서 화상회의를 할 때, 매장 입구에서 키오스크로 주문할 때 등 디지털 기반의 '언택트 산업' 생활권에서 살고 있다.

'코로나19 팬데믹'에서 벗어나더라도 우리들의 일상생활과 경제활동은 이전으로 돌아오지 못할 것이다. '마케팅에듀'에서 조사한 자료에 따르면, 온라인에서 상품을 구매한 경험이 있는 모바일 홈쇼핑 이용자 10명 중 8명은 코로나19가 끝나더라도 온라인에서 계속 구매하겠다고 답했다. 버즈니에서 '홈쇼핑 모아' 이용자 중 코로나19로 집콕족 생활을 한 1,277명을 대상으로 조사한 자료에서도 대부분이 코로나19가 끝난 이후에도 온라인에서 계속 구매하겠다고 답했다.

언택트, 의식주 라이프스타일을 변화시키다

"베이징에서 나비 한 마리가 날개를 퍼덕이면 뉴욕에 폭풍우가 몰아칠 수 있다."

나비효과(Butterfly Effect) 이론의 대표적인 표현이다. 나비의 작은 날갯짓이 비, 바람 등과 같은 다양한 변화로 이어질 수 있고 '태풍'을 일으킬 가능성도 존재한다는 의미다. 코로나19를 나비로 표현할 수는 없겠지만, 지금도 계속 세상을 변화시키고 있다.

집은 휴식공간이라는 이미지가 강했다. 하지만 '사회적 거리두기'와 '재택근무'가 시작되면서 집이 사무공간인 '홈 오피스'로 변했다. 야외활동이 줄고 홈 트레이닝이 늘어나면서 집은 체육관이 됐다. 이를 '홈트'라고 한다. 여기서 홈트는 '홈(home)'과 '트레이닝(training)'의 합성어다. 홈트는 주로 스마트폰 운동 어플이나 유튜브를 보면서 시작한다. 집에 있는 시간이 길어지면서 인테리어 시장도 호황을 누리고 있다. 셀프 인테리어 시장이 급증하면서 '오늘의집'과 '집닥'의 매출이 급증했다. 한국건설산업연구원은 인테리어 리모델링 시장의 규모가 2016년 28조 4,000억 원에서 2020

년 41조 5,000억 원까지 커졌고 향후에도 계속 성장세를 보일 것으로 전망했다.

홈밥(Home + 밥) 문화가 확산되면서 배달 음식 시장이 더욱 커지고 집 밖 출입의 어려움과 신선 식품에 대한 소비자 선호도 증가로 저녁 늦게 주문해 그다음날 새벽에 받아보는 새벽 배송 선발주자인 마켓컬리와 오아시스마켓의 매출이 급증했다. 간단하게 조리할 수 있는 가정 간편식과 손질한 식재료 및 양념 등이 담겨 있는 밀키트 시장도 상승세를 타고 있다.

이외에도 외출을 꺼리는 심리로 대용량 제품 판매가 호조를 보이고 있고 홈카페족 덕분에 커피와 디저트의 후식 판매량도 증가 추세다. 집에서 술을 즐기는 '홈술족'이 늘어나면서 편의점의 과일, 과자 등과 같은 안주류의 매출도 덩달아 오른 것으로 나타났다. 의류의 경우 외출복 수요는 크게 감소하고 집에 있는 시간이 길어지면서 편하게 입을 수 있는 홈웨어 판매가 전년 동기 대비 크게 증가했다.

전체 응답자, 복수 응답 %

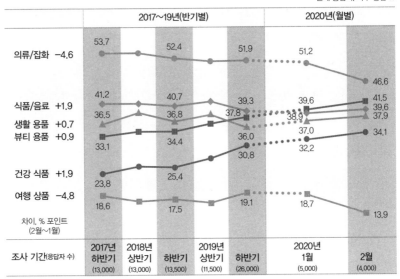

주 1) 2019년 상반기는 1~5월 결과임(6월은 조사 변경 테스트 기간으로 제외함).
주 2) 2019년 7월부터 응답자 수를 매주 500명에서 1,000명으로 확대함.

출처: TIN뉴스

당연한 것은 없다

'뉴 노멀(New Normal)'이란, '시대 상황에 따라 새롭게 편성되는 질서나 표준'을 뜻하는 경제 용어다. 불과 1년 전까지만 해도 몸이 아파도 회사에 출근하거나 학교 수업을 받는 것이 정상이었다. 하지만 지금은 무조건 집에서 쉬어야 한다. 회사에 출근할지 말지를 고민할 필요가 없다는 이야기다. 이것이 뭐 대수냐고 말할지도 모르지만, 그동안 절대 바뀔 것 같지 않던 암묵적인 일 중 하나를 코로나19가 몇 개월 만에 바꿔 버린 것이다.

코로나19 이전에는 중요한 비즈니스 업무는 만나서 결정하고 교육은 오프라인에서 받는 것이 정설이었다. 즉, 만남이 면대면으로 이뤄져야만 모든 일을 진행할 수 있었다. 이것이 우리 사회를 지배해오던 중요 키워드

중 하나였다. 하지만 지금은 온라인 회의를 통한 화상 커뮤니케이션이 새로운 표준으로 인식되고 있다. 제도나 정치가 아닌 바이러스가 우리의 일상과 문화를 바꾼 것이다.

그동안 살아왔던 경험을 아이들이나 후배들에게 이야기해주는 것은 이제 별 의미가 없다. 그들이 살아갈 세상과 우리가 살아온 세상은 전혀 다르기 때문이다. 할아버지, 할머니가 우리의 부모님에게 해주셨던 금과옥조와 같은 이야기는 그분들의 시대에서 끝났다. 왜냐하면 1990년대까지만 하더라도 세상의 변화가 지금처럼 빠르지 않았기 때문이다.

"10년이면 강산이 변한다."

이것이 옛 시대의 변화 기준이다. 하지만 코로나19는 약 3~4개월 만에 2019년과 2020년의 삶을 명확하게 변화시켰다. 2019년도의 사고방식으로는 2020년도를 살아가기 힘든 것이다.

지역 사회와 공동체 중요성을 부각시키다

'각자도생(各自圖生)'이란, '각자 알아서 스스로 생존을 도모하라.'는 것으로, 한국 사회를 지배하는 키워드 중 하나였다. 이 키워드를 무너뜨린 것은 아이러니하게도 코로나19 바이러스다.

바이러스의 전염성이 지역 공동체의 중요성을 새롭게 부각시킨 것이다. 나만 조심해서 될 일이 아니기 때문이다. 마스크를 쓰고 이동하거나 일을 한다는 것은 부자연스럽다. 불편한 점이 한두 가지가 아니다. 코로나19는 전염 속도가 워낙 빠르기 때문에 이마저도 하지 않으면 사회 시스템이 붕괴될 수 있다. 그렇기 때문에 대부분의 시민들이 불편을 감수하면서 일하고 있다. 만약 '나만 아니면 돼.', '나만 편하면 돼.' 라는 사고방식을 가진 사람이 대부분이었다면 사회가 지금보다 혼란스러웠을 것이다.

코로나19로 면대면이 아닌 비대면이 부각되고 있는 상황에서 오프라인 중심 공동체가 중요하다고 말하면 시대의 흐름에 역행한다는 질타를 받을 수 있다. 하지만 그렇지 않다. 오프라인이 존재하지 않으면 온라인도 없기 때문이다. 우리가 하루종일 온라인에 접속해 뭔가 하고 있더라도 그 기반은 오프라인이기 때문에 오프라인 무너지면 온라인도 의미가 없다. 앞으로는 내가 살고 있고 속해 있는 공동체에 따라 우리 삶의 모습도 달라질 것이다.

글로벌 기업, 디지털 트랜스포메이션으로 진격!

"2년 걸릴 디지털 트랜스포메이션(Digital Transformation)이 지난 2개월 만에 이뤄졌다."
— 사티아 나델라(마이크로소프트 CEO)

코로나19가 변화시킨 기업 생태계 환경이다. 디지털 트랜스포메이션의 정의는 매우 다양하다.

'기업이 디지털과 물리적인 요소를 통합해 비즈니스 모델을 변화시키고 산업에 새로운 방향을 정립하는 전략'
— IBM

디지털 트랜스포메이션이란, 인간 사회의 모든 측면에서 디지털 기술의 적용과 관련된 변화를 의미한다. 디지털 트랜스포메이션은 전통적인 방식으로 진행되던 일에 디지털 신기술을 접목해 프로세스를 개선하고 새로운 가치를 창출하는 것이다. 넓은 의미에서는 현재 사업이 디지털 기술에 따라 근본적으로 보완 · 혁신되는 모든 활동을 일컫는다.

'MIT Center for Digital Business and Capgemini Consulting'에 따르면, 성공적인 디지털 트랜스포메이션은 '기업이 지니고 있는 핵심 가치, 전략을 디지털 기술이 제공하는 용이성을 이용해 재해석하는 것'이다. 아마존, 구글, 애플, 스타벅스, 나이키 등과 같은 글로벌 공룡을 비롯한 수많은 기업이 산업의 판을 바꿀 기술을 개발하고 있는 중이다(출처: blog.omnious.com).

코로나19로 디지털 트랜스포메이션이 가속화되면서 업종 간 경계도 무너지고 있다. 인터넷 기업이 유통, 금융 등과 같은 전통 산업 영역으로 진출하고 굴뚝산업의 영역은 온라인으로 확장되고 있다. 네이버는 비대면 종합자산관리계좌(CMA) '네이버통장'을 출시했다. 또한 CJ대한통운과 손잡고 '주문 후 24시간 내 배송 서비스'를 시작했다. 카카오페이는 2020년 1분기에 '바로투자증권'을 인수했다. 3차 산업혁명 시기에는 산업 영역의

디지털 트랜스포메이션 추진 현황

구분	합계		대기업 · 중견기업		중소기업	
	응답 수	비중(%)	응답 수	비중(%)	응답 수	비중(%)
적극 추진 중	131	9.7	6	12.2	125	9.6
일부 추진 중	281	20.9	18	36.7	263	20.3
추진하고 있지 않음	603	44.8	12	24.5	591	45.6
잘 모르겠음	330	24.5	13	26.5	317	24.5
합계	1,345	100.0	49	100.0	1,296	100.0

출처: 한국산업기술진흥협회

경계가 어느 정도 존재했지만, 디지털 트랜스포메이션 시대에서의 업종 경계는 무의미해졌다.

이처럼 디지털 트랜스포메이션의 중요성은 커지고 있지만, 국내 기업의 인식은 아직까지 저조한 상태다. 한국산업기술진흥협회는 최근 2020년 5월 20일부터 27일까지 국내 기업 1,345개사(대기업 · 중견기업 49개사, 중소기업 1,296개사)를 대상으로 실시한 '디지털 트랜스포메이션 현황 및 계획에 대한 실태 조사' 결과를 발표했다. 전체 응답 기업의 9.7%가 추진하고 있다고 응답했으며 일부 추진 중(20.9%)인 기업을 합쳐도 30% 수준인 것으로 나타났다.

디지털 트랜스포메이션은 '해도 그만, 안 해도 그만'인 것이 아니라 비즈니스의 생태계를 바꾸는 것이다. 영국에는 '붉은 깃발법'이 있었다. 19세기 말 영국에서 세계 최초로 자동차를 출시했지만, 당시 마차업자들의 항의가 빗발치자 이들의 이권을 보호하려고 만든 법이다. 이 법의 영향으로 영국의 자동차 산업은 독일과 프랑스 등에 뒤처지는 결과를 초래했다.

아직도 우리의 마음속에 붉은 깃발이 있다면 이제는 버려야 한다. 현실에 안주하고 있기에는 변화의 바람이 너무 거세다.

02

언택트 시대를
위한 마인드셋

지금 우리는 혼돈의 한가운데 서 있다. 이른바 뷰카(VUCA), 즉 Volatility (변동성), Uncertainty(불확실성), Complexity(복잡성), Ambiguity(모호성)의 시대다. 뷰카란, 제2차 세계대전 후 전 세계를 지배했던 미국과 소련의 냉전 위험 요인이 소련의 붕괴로 사라지고 더 예측하기 어려운 새로운 위험과 도전이 이를 대체하면서 이전과는 사뭇 달라진 세계 환경을 설명하기 위해 등장한 신조어다. 이 개념은 1987년 미국 육군대학에서 최초로 제시했지만, 이 시대에 더 맞는 것 같다.

이러한 시대를 살아가는 데 필요한 마인드셋(mindset)을 알아보자. 마인드셋이란, 사고방식이나 태도를 뜻한다. 마인드셋은 '세상을 바라보는 나만의 거울'이라고도 한다.

《마인드셋》의 저자 캐럴 드웩(Carol S. Dweck)은 "마인드셋은 크게 고정형 마인드와 성장형 마인드로 나뉜다."라고 이야기한다. 고정형 마인드는 사람의 지능과 능력이 고정돼 있다고 믿는 것이고 성장형 마인드는 노력

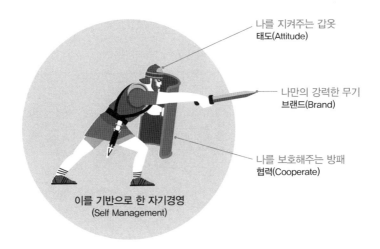

나를 지켜주는 갑옷
태도(Attitude)

나만의 강력한 무기
브랜드(Brand)

나를 보호해주는 방패
협력(Cooperate)

이를 기반으로 한 자기경영
(Self Management)

여하에 따라 개발되고 성장된다고 믿는 것이다. 아마 이 책을 읽는 당신은 성장형 마인드셋을 지닌 사람일 것이다. 언택트 시대를 위한 마인드셋인 태도, 브랜드, 협력, 자기경영은 다음과 같다.

태도

세상을 살아가는데 '태도(Attitude)'만큼 중요한 것은 없다. 태도의 다른 말은 '마음가짐'이다. 특정한 일을 대할 때, 사람을 대할 때 어떤 마음가짐으로 임하느냐에 따라 결과가 달라진다. '태도'의 사전적 의미는 '몸의 동작이나 모양새', '어떤 사물이나 상황을 대하는 자세'다. 하지만 실생활에서는 좀 더 포괄적으로 사용된다. 예를 들어 사람의 외모, 제스처, 스타일뿐 아니라 말투, 눈빛, 행동 습관, 더 나아가 개인의 신념과 가치관도 태도의 범주에 포함된다.

태도는 '외부의 자극을 수용하는 그릇'이다. 여기서 그릇은 '마음의 모양'이라 말할 수 있다. 그릇의 크기에 따라 외부의 자극을 수용하는 범위가 달라진다. 그릇은 내가 만들어 놓은 것이기 때문에 잘 관리해야 한다. 그릇의 크기와 두께를 넓히는 훈련이 필요하다. 생각을 바꾸는 연습이 필요하다. 생각은 마음을 바꾸고 마음은 행동을 바꾸기 때문이다.

영국 엘리자베스 여왕과 중국 고위 관리가 만찬을 했을 때의 일이다. 서양에서는 디저트가 나오기 전에 핑거볼(손가락을 씻는 작은 물그릇)이 제공된다. 그런데 이를 알지 못한 중국 관리가 핑거볼의 물을 마셔버렸다. 여왕은 아무렇지도 않은 듯 자신도 핑거볼에 담긴 물을 마셨다고 한다. 이는 상대방에 대한 배려와 국가를 대표하는 리더의 외교 태도를 보여준 것이다.

세 명의 벽돌공이 뙤약볕에 땀을 뻘뻘 흘리며 열심히 벽돌을 쌓고 있었다. 하지만 그들의 표정은 저마다 달랐다. 지나가던 사람이 한 벽돌공에게 "지금 무슨 일을 하고 있는 건가요?"라고 묻자, 그 벽돌공은 "보면 몰라요? 벽돌을 쌓고 있잖아요!"라며 화를 냈고 또 다른 벽돌공은 "몰라서 묻는 거요? 돈을 벌어야 가족들이 먹고 살 것 아니요."라고 대답했다. 하지만 마지막 벽돌공은 "나는 지금 아름다운 성당을 짓고 있는 중이오."라고 대답했다. 이처럼 어떤 일에 목적 의식을 지니면 삶과 일에 대한 태도가 바뀐다.

> "사물의 상황이 달라지면 이에 대처하는 모습도 바뀌지 않으면 안 된다. 지나간 최상의 방법이 지금도 최상의 방법이라 할 수 없게 되는 것이다."
>
> – 한비자

"나이는 숫자에 불과하다."는 모 통신사의 광고 카피였다. 이 광고 카피가 유행할 당시만 해도 나이는 '숫자'가 아니었고 나이와 권위가 동일시되는 세상이었다. 어른이 나이 어린 사람에게 뭔가를 배운다는 것을 상상해본 적도 없고 실제로 그러한 일이 일어난 적도 없었다. 하지만 스마트폰의 등장으로 어른들은 디지털 네이티브 디지털 키즈에게 스마트폰과 소셜 네트워크 서비스를 배우고 있다. 이른바 '역멘토링 시대'가 된 것이다.

이것이 가능한 이유는 기술의 진보가 하루가 다르게 발전하고 있고 요즘 아이들은 이러한 기술과 함께 살아가고 있기 때문이다. 이들에게 기술은 삶의 도구 중 하나다. 기술을 배우고 익혀 사용하는 것이 아니라 그저 주변에 있기 때문에 자연스럽게 활용하는 것이다.

이제는 나이를 기준으로 상대방을 판단하거나, 나이의 권위를 내세워 존중을 받으려고 하거나, 일을 시키는 시대가 아니다. 나이에 상관없이 상대방을 존중하고 배워야 하는 시대다. 요즘 아이들은 본인들이 좋아하는 것이 있으면 인터넷을 통해 스스로 학습한다.

기업 역시 요즘 세대에게 '리버스 멘토링'을 실시하고 있다. 여기서 리버스 멘토링이란, 젊은 직원이 멘토가 돼 멘티인 경영진을 코칭하고 조언하는 것을 의미한다. 리버스 멘토링은 1:1로 진행되는 것이 일반적이지만, N:1 N:N의 형태로 사용되기도 한다.

구찌는 2012년부터 3년간 매출이 정체되고 영업 이익이 급감하는 등 경영 위기를 겪고 있었다. 그 주요 요인은 명품 시장의 주 고객층이 젊은 세대로 이동한 현실을 직시하지 못하고 과거 성공을 이끌었던 유럽 귀족 스타일의 브랜드 이미지와 제품의 특성을 고집했기 때문이다.

20~30대 젊은 고객은 구찌를 '비싼 데다 촌스럽기만 한 브랜드'로 인지하고 있었다. 하지만 2015년에 새로운 CEO가 임명되면서 완전히 변신한다. 밀레니얼 세대의 의견을 반영하기 위한 리버스 멘토링을 도입하고 수석 디자이너 자리에 과감한 디자인을 추구하는 무명 직원을 발탁하고 온라인을 포함한 유통 채널 다변화 등 기존의 운영 방식을 획기적으로 변화

시켰다.

세상이 빠르게 변하고 있는데 나만 예전의 사고방식과 행동들을 고수한 다면 현실에서 뒤처질 수밖에 없다.

기업가 정신

기업가 정신(Entrepreneurship) 또는 창업가 정신은 외부 환경의 변화에 민감하게 대응하면서 항상 기회를 추구하고 그 기회를 잡기 위해 혁신적 인 사고와 행동을 하고 이를 바탕으로 시장에 새로운 가치를 창조하고자 하는 생각과 의지를 말한다(출처: 위키백과). 기업가적인 태도가 필요한 이 유는 다음과 같다.

첫째, 외부 환경 변화의 민감성이다. 찰스 다윈은 "살아 남는 종(種)은 강한 종이 아니고 똑똑한 종도 아니다. 변화에 적응하는 종이다."라고 말했 다. 변화에 적응하려면 세상이 어떻게 돌아가는지 알아야 한다. 이를 위해 서는 다양한 정보를 검색하는 능력, 독서, 사람을 관찰하는 능력이 필요하 다. 이러한 능력을 기르기 위해서는 하루에 30분 정도라도 습관적으로 특 정 주제나 관심 있는 주제를 집중적으로 공부해야 한다.

둘째, 기회 추구이다. 기회를 추구한다는 것은 남들이 보지 못한 것 또 는 스쳐지나가는 말이나 행동 속에서 뭔가를 찾아내는 능력을 의미한다. 이런 기회 추구 능력은 하루아침에 생기는 것이 아니라 외부 환경을 지속 적으로 관찰하고 학습하는 노력이 있어야 발현된다.

오늘의집, 야놀자, 야나두 역시 외부 환경의 변화 속에서 기회를 잡은 것이다.

셋째, 혁신적인 사고와 행동으로 시장에 새로운 가치를 창조하는 것이

언택트 시대 생존 방법

다. 카카오톡은 모바일 시장이 열리면서 무료로 커뮤니케이션할 수 있는 새로운 형태의 문자 메시지 서비스를 스마트폰 앱으로 제공했다. 기존의 통신사에서 제공하는 장문 문자 메시지(MMS)의 경우, 유료로 제공되고 기능도 적었지만, 스마트폰상에서 제공되는 카카오톡은 문자 메시지의 기능에 게임 연동 기능, 선물하기 기능을 추가하는 등 고객이 원하는 부분을 유·무료 서비스로 혼합해 제공했다. 배달의 민족이나 마켓컬리 역시 소비자들의 불편함을 개선하면서 시장의 승자로 우뚝 서게 됐다.

이러한 정신은 사업을 하거나 창업을 준비하는 사람만을 위한 것이 아니라 자신이 삶의 주체가 돼 변화무쌍한 시대를 살아가기 위한 모든 사람을 위한 것이다.

개인 브랜드

개인 브랜드가 필요한 이유는 무엇일까? 지금 하고 있는 대로 살아도 큰 문제가 없는데 굳이 브랜드를 만들어야 할까? 사람은 브랜드라는 말을 듣는 순간, '브랜드는 내가 누구인지, 어떤 사람인지, 무엇을 하는 사람인지 알리려고 하는 것인데, 굳이 나를 드러내면서 피곤하게 살 필요가 있을까?', '세상이 변했다고 해서 상품에 붙이는 브랜드를 개인들에게까지 확장할 필요가 있을까? 등과 같은 생각을 떠올린다. 개인 브랜드가 필요한 이유는 다음과 같다.

"우리는 우리가 생각한 것보다 오래 산다. 조직은 나를 평생 보호해주
지 않는다."

이렇기 때문에 해당 분야의 전문가 또는 브랜드로서 살아남아야 한다. 누구나 다 알고 있는 이야기지만 왜 실천하기 어려운 것일까?

- 내가 추구하는 삶의 스타일이나 일이 명확하게 그려지지 않는다.
- 그렇기 때문에 방향성이 보이지 않는다.
- 방향성이 보이지 않으니 길이 보이지 않는다.
- 길이 보이지 않으니 출발할 결심을 하지 못한다.
- 출발할 결심을 하지 못하니 남의 특별한 이야기로 치부한다.
- 이렇게 생각하니 마음이 편해진다.
- 마음이 편해지니 별생각이 없다.
- 별생각이 없으니 관성에 따라 움직인다.
- 습관적으로 행동하니 삶이 변하지 않는다.
- 삶이 변하지 않으니 환경 탓만 한다.
- 결국 제자리에서 맴돌고 만다.

개인 브랜드가 되기 위해 필요한 것은 무엇일까? 절실함 또는 간절함이다. 절실하지 않으면 아무런 의미가 없다. 절실하다는 것은 그 일을 하기 위해서는 무엇이든 포기하고 그 일에 집중하겠다는 이야기다. 초원 위의 포식자인 사자도 먹이를 잡기 위해 최선을 다한다.

당신은 무엇이 되고 싶은가? 그 무엇을 위해 포기할 수 있는 것과 포기할 수 없는 것은 뭔가? 정밀화처럼 보이면 그것이 원하는 것이 될 수 있다. 당장 정밀화처럼 보이지 않는다 하더라도 걱정할 필요는 없다. 지금부터 시작하면 된다.

#무엇 찾기, 나는 무엇이 되고 싶은가?

"너 커서 뭐가 될래?"

"꿈이 뭐예요?"

"왜 사니?"

이것처럼 곤혹스러운 질문은 없다. 모든 사람이 이런 고민을 하고 살지는 않는다. 고민을 하지 않는다고 해서 못사는 것도 아니고 고민을 많이 한다고 해서 잘사는 것도 아니다.

일상적인 삶과 아무런 관계도 없는데, 왜 이런 고민을 해야 할까? 그 이유는 이러한 것들이 시간이 지날수록 당신을 특별하게 해줄 수 있기 때문이다. 5년 후, 10년 후 특별해진 당신을 보고 싶지 않은가?

#무엇 찾기에 정답은 없다. 각자만의 방식이 있을 뿐이다. 방법론을 많이 아는 것과 그것을 제대로 활용하는 것은 다르다. 이소룡은 "백만 가지 초식을 아는 사람보다 발차기만 만 번을 한 사람이 더 두렵다."라고 말했다. 이 말의 의미를 잘 새겨보기 바란다.

계획하고 실행하기

모든 것은 실행을 담보한다. 실행하기 위해서는 계획이 필요하다. 거창한 꿈도 소박한 일상도 움직이지 않으면 이룰 수 없다. 브랜드도 이와 마찬가지다. 계획하고 실행하기 위해서는 일상을 규칙적으로 만들 필요가 있다. 매일매일 새로운 변수가 발생한다면 그 변수에 대처하기도 바쁠 것이다. 오늘 저녁에 무슨 일이 일어날지 모른다면 계획을 어떻게 세우겠는가?

계획을 세우고 실천하기 위해서는 SMART 기법을 활용하는 것이 좋다. 구체적이고(Specific), 측정 가능하고(Measurable), 성취 가능하고(Attainable), 현실적(Realistic)이고 달성 시간(Time)이 명확해야 한다.

구체적이기 위해서는 내가 왜 특정한 분야의 브랜드가 되고 싶은지를 명확하게 작성해야 한다. '어떤 점이 마음에 들어 그 분야의 브랜드가 되고 싶은지?', '어떤 스타일의 브랜드가 되고 싶은지?', '브랜드가 되면 내가 원하는 것을 얻을 수 있는지?' 등을 작성해보는 것이다.

측정 가능하기 위해서는 내가 하는 행동을 수치화시켜 측정할 수 있어야 한다. '하루에 몇 시간을 투자할 것인지?', '언제할 것인지?', '어떻게 할 것인지?' 등을 작성해보면 된다.

성취 가능하다는 것은 그 브랜드가 되기 위한 단계별 목표를 수립해 앞으로 나아가야 한다는 것을 의미한다. 이를 위해서는 주 단위, 월 단위, 연 단위의 목표 수립이 필요하다. 마지막으로 내가 처한 현실에 기반을 두고 브랜드가 되기 위해 걸리는 시간을 명확하게 정해야 한다. 그다음 '나는 지금부터 ○○년 후에 ○○ 분야의 ○○스러운 브랜드가 될 것이다.'라는 선언문을 적어 간직하면 된다.

기대이익

브랜드가 된다고 해서 하루아침에 세상이 변하진 않지만, 적어도 다음과 같은 부분에서는 일상이 달라질 것이다.

- 이름에 가격표가 붙는다.
- 특정 분야의 고수가 된다. 경험치가 쌓일수록 따라올 자가 없다.
- 경쟁에서 벗어난다. 당신만의 관점이 독특할수록 희소성이 더해진다.
- 일이 당신을 선택하는 것이 아니라 당신이 일을 선택한다.
- 당신만의 라이프스타일을 설계할 수 있고 그에 맞게 살 수 있는 자유가 주어진다.

협력

세상은 혼자 살아갈 수 없다. 나를 도와주거나 내가 도움을 줄 수 있는 사람 또는 조직이 필요하다. 특정한 영역의 브랜드가 되려면 주변의 도움이 필요하다. 혼자서 모든 것을 이룰 수 있는 사람은 없다. 당신의 고민을 들어줄 수 있는 사람이 단 한 명도 없다면 그것만큼 고독한 일도 없을 것이다.

협력하기 위해서는 먼저 손을 내밀어야 한다. 누군가 손 내밀기를 기다리기 전에 내가 먼저 다가가 도움을 주거나 도움을 요청해야 한다. 이야기하지 않으면 아무도 내가 무슨 생각을 하고 있는지 어떤 고민이 있는지 모른다. 도와주고 싶어도 도와줄 수 있는 방법이 없다.

힘을 합해 서로 돕는다는 것은 커뮤니케이션이 어렵지 않다는 이야기다. 특정한 단어나 행동에 대한 해석이 다르다면 협력하기 어렵다. 그렇기 때문에 개인 간 협력은 오랫동안 알고 지낸 사이에서 잘 일어난다.

소문을 내라

협력을 잘하려면 소문을 내야 한다. 어떤 소문을 내는 것이 유리할까? "내가 지금 이러이러한 일을 준비 중인데 도와줄 사람을 찾습니다." 또는 "함께 공부할 사람을 찾습니다." 등 혼자서는 할 수 없는 영역, 다른 사람의 도움을 받으면 좀 더 빨리 성장할 수 있는 분야를 소문 내면 된다.

소문을 낼 때는 소셜 네트워크 서비스(페이스북, 밴드, 블로그 등)나 지인을 활용하는 것이 좋다. 소문을 냈는데도 아무런 반응이 없다면 내 주위에는 그러한 것들에 관심이 있거나 도움을 줄 수 있는 사람이 없다고 보면 된다. 이때에는 소규모 교육, 세미나, 학습 모임을 이용해 인맥을 확장해

나가는 것이 좋다.

목적을 분명히 정하라

협력하려면 목적이 명확해야 한다. 서로 힘을 합해 나오는 결과물이 확실해야 한다. 이 결과물 때문에 분쟁이 생기지 않아야 한다. 즉, 상호간 이득이 돼야 한다. 어느 일방에게만 이득이 된다면 이 관계는 오래가지 못할 것이다. 따라서 처음부터 이 부분을 명확하게 짚고 넘어가야 한다.

"당신이 원하는 목적을 달성하기 위해 내가 이러한 부분에 도움을 줄 수 있고 그 대신 당신은 나에게 이러이러한 부분에 도움을 줬으면 좋겠다."라고 이야기해야 한다. 무조건 좋은 것이 좋은 것만은 아니다. 관계가 명확해질수록, 목적이 명확해질수록 협력이 잘된다.

자기경영

자아실현을 할 때 필요한 것이 자신이 원하는 것을 얻기 위한 '자기관리'와 성장하기 위한 '자기경영'이다. 자기경영이 필요한 이유는 다음과 같다.

첫째, 인간의 수명 연장이다. 100세 시대이기 때문이다. 1960년대의 평균수명은 여성 53.7세, 남성 51.1세, 2013년도의 평균수명은 여성 85.1세, 남성 78.5세다. 2000년대 초반까지만 해도 60세가 되는 해를 기념하기 위해 환갑잔치를 했다. 지금까지 건강하게 살아있음을 축하하고 앞으로 더 나은 생을 살길 바라는 마음으로 환갑잔치를 여는 것이다. 이러한 환갑잔치는 평균수명이 연장되면서 사라져 버렸다.

둘째, 고용불안이다. 1990년대까지만 해도 평생고용, 종신고용이 지배적이었다. 첫 번째 입사한 회사가 직장생활의 마지막 회사가 되는 경우가 많았던 것이다. 하지만 지금은 아니다. 회사원이 예상하는 퇴직 나이는 남성 51.7세, 여성 49.9세다. 100세 시대를 기준으로 하면 아직 한참 일할 나이에 퇴직하는 것이다. 퇴직 전부터 퇴직 이후의 삶에 대한 계획을 세우고 준비해야 한다. 그렇지 않으면 코로나19보다 더한 위기 상황을 맞을 수도 있다. 왜냐하면 퇴직 후 최소한 20년 정도는 더 일할 수 있는 나이기 때문이다.

셋째, 나다운 삶을 살기 위해서다. 나다운 삶을 살려면 나 자신을 객관적으로 바라볼 수 있는 제삼자의 시각이 필요하다. 이를 위해 가장 많이 사용하는 방법으로는 SWOT(Strength, Weakness, Opportunity, Threat) 분석을 들 수 있다.

S는 강점이다. 내가 지니고 있는 강점이 무엇인지 도출하는 것이다. 강점은 크게 눈에 보이는 유형의 강점과 눈에 보이지 않는 무형의 강점으로 구분하는 것이 좋다. 유형의 강점으로는 외모, 체력, 커뮤니케이션 능력, 자격증, 업계 경력, 휴먼 네트워크 등을 들 수 있고 무형의 강점으로는 태도, 성격, 열정, 끈기, 학습력 등을 들 수 있다.

회사원이 예상하는 본인의 퇴직 나이

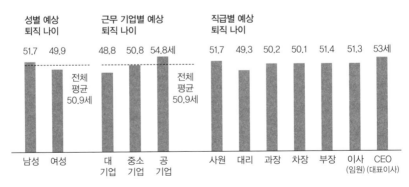

조사 대상: 성인 남녀 1,450명, 조사 기간 2016년 5월 26일~31일
자료: 잡코리아

요즘은 비주얼 시대다. 시대에 맞게 강점을 강화하는 것도 중요하다. 하지만 지금 내가 지니고 있는 강점이 10년 후에도 강점이 될 수 있을지는 아무도 모른다. 오히려 지금의 강점이 미래에 도움이 되지 않을 수도 있다.

W는 약점이다. 약점 없는 사람은 없다. 누구나 약점을 지니고 살고 있다. 따라서 나의 약점이 무엇인지 잘 파악해야 한다. 약점에 집착하다 보면 일이 풀리지 않을 때마다 신세한탄을 하게 되고 결국 나의 발목을 붙잡는 요인이 된다. 이러한 일이 없게 만들려면 약점을 보완해줄 수 있는 사람과 함께 일하는 것이 좋다. 약점을 개선하기 위해 노력하기보다 약점이 강점이 될 수 있는 방법을 찾는 것이 더 중요하다. 경우에 따라서는 약점이 강점이 될 수도 있다. 공자는 "아는 것을 안다고 하고 모르는 것을 모른다고 하는 것이 곧 아는 것이다."라고 말씀하셨다.

O는 기회다. 기회는 준비하는 자에게만 주어진다. 준비를 하지 않으면 기회가 와도 기회인지 모르고 흘려보낸다. S · W를 나 자신, 즉 내부 요인이라 한다면, O · T는 외부의 환경 변화로 발생하는 요인이다. S · W는 내 통제 범위 안에 있지만, O · T는 통제 범위 밖에 있다.

이번 코로나19를 생각해보면 좋을 것 같다. 코로나19로 상승의 기회를 잡은 사람이나 기업이 존재한다. 그 대표적인 예로 마스크, 발열 체크 시스템, 화상회의 시스템, 바이오 관련 분야를 들 수 있다. 기회를 잡기 위해서는 사회가 어떻게 변하고 있는지에 관심을 두고 특정한 분야나 현상에 대한 흐름을 지속적으로 파악하는 것이 중요하다. 트렌드를 파악할 때 내가 지니고 있는 강점을 기준으로 해석하는 것이다. '앞으로 이러이러한 흐름으로 세상이 변할 것 같은데, 내가 지니고 있는 강점이 이러이러한 것이니 이렇게 접목하면 기회를 잡을 수 있겠다.'라고 추정해보는 것이다. 이러한 노력 없이 그냥 흘러가는 세상을 바라보면 나의 이야기가 아니라 남의 이야기가 된다.

T는 외부에서 발생하는 위기다. 우리는 지금 코로나19의 영향으로 매우 심각한 위기 상황에 놓여 있다. 이 위기를 어떻게 극복하느냐에 따라 우리의 미래가 달라진다. 독자 또한 이 위기 상황을 돌파하기 위해 이 책을 선택했을 것이라 생각한다. 133척의 일본 전선과 명량해전을 앞두고 이순신 장군은 선조 임금에게 "아직도 전선이 12척이나 있으니 있는 힘을 다해 싸우면 오히려 할 수 있을 것입니다."라는 글을 올려 해전을 포기하지 않겠다고 했다. '필사즉생필생즉사(必死則生必生則死, 반드시 죽고자 하면 살고 살려고 하면 죽는다)'의 정신 자세로 임한 것이다.

위기 상황을 돌파하려면 내부 체력이 있어야 한다. 이 내부 체력을 내가 지니고 있는 강점과 약점으로 볼 수 있다. 내가 지니고 있는 것 중 어떤 것을 활용해 위기의 파고를 넘을지 고민해봐야 한다. 위기 시 공격적인 투자로 세를 더 불릴 것인지 아니면 다음을 기약할지 선택해야 한다. 이 선택에는 정답이 없다. 각자 처한 환경이나 상황에 맞게 선택해야 하기 때문이다. 누군가는 이번 코로나19를 계기로 적극적으로 투자할 것이고 누군가는 예산을 동결할 것이다.

그동안 우리는 나에게 집중하기보다는 나와 함께하는 우리에게 좀 더 많이 집중하고 살아왔다. 하지만 이제는 스스로를 돌봐야 하는 세상이 도래했다. 나 자신을 보살펴야 한다. 이는 V.O.S.A.L, 즉 비전(Vision), 목표(Objectives), 전략(Strategies), 행동(Actions), 삶(Life)을 의미한다.

비전은 눈에 보이는 미래다. 비전을 만들기 위해서는 당신이 원하는 바를 명확하게 그리고 작성해야 한다.

목표는 비전을 달성하기 위한 이정표이자, 눈에 보이는 명확한 비전을 이루는 데 필요한 평가지표다. 따라서 구체적일수록 비전을 달성하기 쉽다.

전략은 목표를 달성하려면 무엇을 포기할 것인지에 대한 부분이다. 예를 들어 당신이 다이어트로 몸무게를 줄인다고 가정하면 회식이나 야식을 포기하고 운동에 집중해야 하는 것처럼 목표 달성에 도움을 주는 방법이 바로 전략이다.

행동은 전략을 실행하고 목표를 달성하기 위해 취해야 할 구체적이고 측정 가능하며 시간 제한이 있는 활동에 대한 리스트다. 모든 행동에는 우선순위가 있다. 우선순위는 비전과 목표를 달성할 때 기준이 되는 활동이다. 모든 일에 80/20 규칙을 적용하라. 결과의 80%를 불러올 수 있도록 당신이 취할 상위 20%의 행동을 잘 결정해야 한다.

삶은 이러한 비전, 목표, 전략, 행동의 총합이다. 따라서 V.O.S.A.L을 세우기 전에 이러한 것이 당신의 삶에 어떤 영향을 미칠지 생각해봐야 한다.

언택트 시대의 사고법
- 디자인 씽킹, 비즈니스 모델

"어제와 똑같이 살면서 다른 미래를 기대하는 것은 정신병 초기 증세다."

— 아인슈타인

코로나19 이후 우리를 둘러싼 세상이 얼마나 변할지는 명확히 알 순 없지만, 지금보다 더 빠르게 변하고 복잡해질 것은 분명하다. 디지털로 무장한 개인의 힘은 점점 강해지는 반면, 기업의 힘은 점점 약해질 것이다. 또한 일자리는 줄어들고 '긱 워커(플랫폼 노동자)'는 늘어날 것이다. 본인이 속해 있는 조직보다 내가 무엇을, 어떻게 하는지가 더 중요해지는 세상으로 변할 것이다. 따라서 이러한 시대를 살아가기 위한 나만의 사고하는 법 또는 방법론이 필요하다. 방법론이란, 어떤 목적을 달성하기 위해 일관성 있게 사용되는 체계적인 접근 방법으로, '방법(methods)과 도구(tools)의 총합'이다.

세상에는 수많은 방법론이 있지만 이 중에서 '디자인 씽킹'과 '비즈니스 모델'을 소개한다. 디자인 씽킹과 비즈니스 모델을 선택한 이유는 디자인 씽킹은 그동안 우리가 생각해왔던 사고방식과 달리, 공감을 기반으로 문제를 해석하고 솔루션을 제안하며, 비즈니스 모델은 이제 개인도 기업가라는 생각으로 살아가야 하기 때문이다.

디자인 씽킹

그동안 우리 사회를 지배했던 사고방식은 기업 경영 방식에 많이 사용되는 '분석적 사고(Analytical thinking)'와 '직관적 사고(Intuitive thinking)'였다. 분석적 사고는 연역적 추리와 귀납적 추리를 이용한 사고 과정이고 직관적 사고는 순간적인 영감과 창조적인 직감을 중시하는 사고 과정이다. 이러한 사고방식이 대한민국의 경제 성장을 이끌었지만, 앞으로 더 나아가려면 새로운 패러다임을 형성할 수 있는 사고 방법과 도구가 필요하다. 이에 대한 하나의 대안으로 '디자인 씽킹(Design thinking)'을 소개한다.

"디자인 씽킹이란, 소비자들이 가치 있게 평가하고 시장의 기회를 이용할 수 있으며 기술적으로 가능한 비즈니스 전략에 대한 요구를 충족시키기 위해 디자이너의 감수성과 작업 방식을 이용하는 사고 방식이다."
– 팀 브라운(아이디어 CEO)

디자인씽킹 프로세스는 크게 다섯 가지 단계로 구성돼 있다.

첫째, 공감(Empathize) 단계다. 공감의 사전적 정의는 '남의 의견, 감정, 생각 따위에 자기도 그렇다고 느끼는 것 또는 그러한 기분'이다. 많은 단어 중에서 가장 오남용이 많은 단어가 '공감'이라는 단어가 아닐까 싶다. 공감하는 것은 말처럼 쉬운 일이 아니다. 예를 들어 나는 지하철을 이용하는 것이 불편하지 않지만, 휠체어 장애인이라면 어떨까? 내가 휠체어 장애인이라면 지금처럼 편하게 지하철을 이용할 수 있을까? 아마도 어려울 것이다. 공감이란 이런 것이다. 문제의 당사자가 돼 그 사람의 입장에서 생각해보는 것이다.

우리는 앞으로도 크고 다양한 문제를 접하게 될 것이다. 또한 상상을 초월하는 문제에 봉착할 수도 있다. 그때마다 공감의 정신을 발휘할 수 있다면 생각보다 쉽게 문제를 해결할 수 있다.

그런데 가장 심각한 것은 그동안 우리는 그 문제를 안고 있는 사람의 입장이 아니라 '문제' 자체에 집중해왔다는 점이다. 예를 들어 취업이 문제라면 취업률을 높이기 위한 방법을 찾고 더 이상의 해결책이 나오지 않으면 창업으로 시각을 돌리는 것 등이다. 이러한 해결책은 임시방편이 될 뿐, 근본적인 해결책은 되지 못한다.

둘째, 정의(Define) 단계다. 즉, 문제를 정의하는 것이다. 정의를 잘못 내리면 문제를 해결하기 어려워진다. 그렇기 때문에 정의를 내리기 전에 문제를 어떻게 해석할 것인지에 대한 고민부터 한다. 또한 우리가 해결하려는 문제가 진짜 문제인지, 아니면 문제처럼 보이는 가짜 문제인지 명확하게 구분해야 한다. 과거에는 이 문제를 어떻게 해결했는지도 조사해야 한다. 문제를 잘 정의하는데 필요한 질문은 다음과 같다.

① Who: 누구의 문제인가?

② Why: 왜 문제인가?

③ Real: 진짜 문제인가?

④ Miss: 놓친 것은 무엇인가?

⑤ Valuable: 가치 있는 문제인가?

셋째, 아이디어(Ideate) 창출 단계다. 문제를 해결하기 위한 다양한 형태의 창의적인 아이디어를 가능한 한 많이 도출해야 한다. 아이디어의 창출에 도움이 되는 방법은 우리 주변에 많이 존재하지만, 현장에서 가장 많이 사용되는 것은 '브레인스토밍'이다. 브레인스토밍은 포스트잇, 종이, 마카펜만 있으면 되기 때문이다. 퍼실리테이터가 있는 브레인스토밍과 없는 브레인스토밍의 차이는 실로 엄청나다. 브레인스토밍으로 의미 있는 결과물을 만들어내려면 팀 내에 퍼실리테이터 또는 퍼실리테이터 역할을 하는 사람이 있어야 한다. 퍼실리테이터의 역할은 사람의 이야기를 정리하고 아이디어를 많이 낼 수 있게 독려하고 이야기가 샛길로 빠지지 않게 도와주는 것이다.

팀원의 구성 역시 중요하다. 너무 조용한 사람으로만 구성해도 안 되고 너무 열정 높은 사람으로만 구성해도 안 된다. 가장 이상적인 방법은 전문가와 아마추어, 남녀 비율, 나이 비율, 열정적인 사람과 조용한 사람의 비율을 적절하게 조정하는 것이다. 아이디어의 창출도 중요하지만, 아이디어의 선택 역시 중요하다. 아이디어의 선택 기준을 명확하게 수립하지 않으면 그동안의 고생이 물거품이 될 수도 있다.

넷째, 프로토타입(Prototype) 단계다. 이를 '시제품 단계'라 표현하기도 한다. 이는 완성되기 전 단계로, 우리가 생각한 방법이 시장에서 어떻게 받아들여지는지 테스트하기 위한 첫 번째 매개체다. 가능한 한 빠르게 만들어 테스트하는 것이 좋다. 조너던 리트먼(Jonathan Rittman)은 프로토타입을 '아이디어를 가능한 한 빨리 가시적인 형태로 만들어내는 것'이라고 정의했다.

프로토타입이라는 낱말은 원초적 형태라는 뜻의 그리스어 낱말 πρωτότυπον(프로토타이폰)에서 왔다. 이는 원초적이라는 뜻의 πρωτότυπος

(프로토타이포스)의 중간음에서 온 것으로, 더 들어가 '최초의'라는 뜻의 πρῶτος(프로토스)와 '인상'이라는 뜻의 τύπος(타이포스)에서 비롯된 것이다(출처: 위키백과). 즉, 보이지 않던 머릿속 생각이 처음으로 형태를 드러냈다는 의미로 사용된다.

가장 쉽고 빠르게 할 수 있는 방법은 종이를 활용해 원하는 형태를 표현해볼 수 있는 '페이퍼 프로토타이핑(Paper Prototyping)'이다. 페이퍼 프로토타이핑의 단점은 재활용하기 어렵고 창의력이 요구되며, 원격으로 작업하기 어렵다는 것이다. 서비스의 전체적인 흐름을 보고 싶다면 '비즈니스 오리가미(Business Origami)' 방식을 사용할 수도 있다. 비즈니스 오리가미는 다중 채널 시스템에서 사람, 사물, 환경 사이에 이뤄지는 상호작용과 교환되는 가치를 종이 프로토타입으로 표현하는 방법이다. 아날로그와 디지털을 결합한 '비디오 프로토타이핑(Video Prototyping)'도 있다. 이는 컴퓨터 프로그램 및 웹 서비스를 활용하는 방법이다. 이외에도 다양한 방법이 존재한다.

다섯째, 테스트(Test) 단계다. 우리가 제작한 프로토타입을 적용해보고 프로토타입을 추가하거나 수정해 현장에 적합하게 만들어나가야 한다. 만약 테스트 과정에서 심각한 문제를 발견했다면 1단계로 다시 돌아가 처음부터 다시 실행하면 된다. 아니면 각 단계별로 무엇이 문제였는지 다시 한번 살펴보는 방법도 있다.

비즈니스 모델

비즈니스 모델은 자신이 하나의 브랜드가 되고 싶거나 자기경영을 하고 싶은 사람 또는 나만의 일을 하고 싶은 사람이 알아야 할 강력한 무기 중 하나다. 왜냐하면 비즈니스 모델에는 기업의 운영 방식과 돈 버는 방식이 모두 포함돼 있기 때문이다.

위키백과에서는 사업 모형 또는 비즈니스 모델을 다음과 같이 정의하고 있다.

"사업 모형 또는 비즈니스 모델은 기업 업무, 제품 및 서비스의 전달 방법, 이윤을 창출하는 방법을 나타낸 모형이다. 기업이 지속적으로 이윤을 창출하기 위해 제품 및 서비스를 생산하고 관리하며, 판매하는 방법을 표현한다. 또 사업 모형은 제품이나 서비스를 소비자에게 어떻게 제공하고 마케팅하며, 돈을 벌 것인지를 계획하는 아이디어를 말한다.

이론상 및 실제상 비즈니스 모델이라는 용어는 비즈니스의 핵심적인 측면을 나타내기 위해 목적, 비즈니스 프로세스, 타깃 고객, 제공, 전략, 인프라스트럭처, 조직 구조, 조달, 거래 관행 및 운용 프로세스와 정책을 포함한 폭넓은 비공식 및 형식적인 기술에 사용된다."

당신이 기업 경영에 관심이 없다면 다소 어려울 수 있다. 이를 '비즈니스 모델 캔버스'라는 도구를 활용해 설명하면 좀 더 쉽게 이해할 수 있다. 비즈니스 모델 캔버스는 알렉산더 오스터왈더와 예스 피그누어의《비즈니스 모델의 탄생》에서 소개하는 방법이다. 비즈니스 모델 캔버스는 한 장의 캔버스 안에 비즈니스에 필요한 9개의 구성 요소가 블록으로 이뤄져 있다. 각 블록에 필요한 내용을 채우면 비즈니스 모델 캔버스가 완성된다. 비즈니스 모델 캔버스의 가장 큰 장점은 한 장 안에 모든 것이 들어 있다는 것이다. 비즈니스 모델 캔버스를 작성할 때 포스트잇을 활용하면 이동, 추가, 삭제, 수정하기 쉽다. 비즈니스 모델 캔버스를 잘 작성한다고 해서 사업을 잘하는 것은 아니다.

1. 비즈니스 모델은 당신의 고객(Customer Segment)이 누구인지를 먼저 밝히는 것에서 시작된다. 고객이 없으면 비즈니스가 작동하지 않기 때문이다. 비즈니스가 작동하려면 '돈'이라는 연료가 필요하다. 이 연료를 공급해주는 것이 '고객'이기 때문이다. 만약 당신이 콘텐츠 전략가라는 브랜드가 되고 싶다면 당신에게 일을 주고 당신의 콘텐츠를 소비하고 당신을 소문내주는 사람이 필요하다. 이 중 가장 중요한 고객은 '당신에게 일을 주는 사람'이다. 일단 이 사람이 누구인지 명확하게 정의하는 것이 중요하다.

당신이 고객을 선정하는 일은 당신이 제품을 판매하는 것보다 중요하다. 고객을 잘못 선택하면 힘만 들고 비즈니스의 성장 역시 지지부진해질 것이기 때문이다. 여기서 '고객을 잘못 선정하는 것'이란, 당신과 공감대가 형성되지 않는 고객, 당신을 하나의 부품으로 바라보는 고객, 본인의 경쟁력 강화를 위해 노력하지 않는 고객, 불평·불만이 많은 고객, 제값을 지불하지 않은 고객 등을 말한다. 일을 준다고 해서 무조건 받기만 하면 나중에 큰 탈이 날 수도 있다. 그렇기 때문에 당신이 원하는 고객상(顧客象)을 명확히 정해야 한다.

그리고 만날 수 있어야 한다. 만날 수 없다면 고객이 아니다. 아무리 맛있어 보여도 땡감을 먹을 수 없기 때문이다.

2. 고객을 선택했다면 당신만이 고객에게 줄 수 있는 가치(Value

Proposition)가 있어야 한다. 이 가치가 바로 고객이 당신을 선택할 수밖에 없는 이유가 된다. 당신이 주고자 하는 가치는 기존 경쟁자에 비해 무엇이 다른가? 고객이 그 차별화된 점을 보거나 느낄 수 있는가? 당신이 지니고 있는 자원을 활용해 고객 가치를 만들 수 있는가? 그 가치 때문에 가격이 상승하진 않는가? 가격과 상관없이 고객이 열광할 만한 가치인가?

가치의 종류는 가격, 디자인, 품질, 신뢰, 사후 관리, 멤버십, 친절, 교육, 정보 제공, 맛, 위치, 시간, 서비스 제공 방식, 계약 조건 등과 같이 매우 다양하다. 이 고객 가치는 당신의 업종 및 당신이 선택한 고객에 따라 달라진다. 여기서 한 가지 유의해야 할 사항은 '가격'만이 당신이 고객에 줄 유일한 가치가 되면 안 된다는 것이다. 고객 가치를 찾는 것이 어렵다면 디자인 씽킹의 '공감' 파트를 활용해보기 바란다.

고객이 중요한 이유는 고객의 크기, 숫자가 곧 '시장의 규모'이기 때문이다. 이로써 '고객수×평균 구매율×평균 단가 = 시장 규모'라는 계산식이 산출된다. 고객군을 선택했다는 것은 경쟁자가 정해졌다는 것을 의미한다. 당신이 정한 고객이 아무리 탐난다 하더라도 너무 큰 경쟁자가 그 고객을 점유하고 있다면, 경쟁우위가 있는지 다각도로 검토해도 답이 나오지 않는다면 고객을 빨리 바꿔야 한다. 게임의 규칙을 바꾸지 못하는 시장에는 들어가지 않는 것이 최선이다.

3. '고객군 = 시장'이기 때문에 고객과 만날 수 있는 채널(Channels)이 필요하다. 고객과 만날 수 있는 채널은 많을수록 좋다. 채널은 크게 온라인과 오프라인으로 구분된다. 예전에는 오프라인 채널(백화점, 대형마트, 복합몰, 편의점 등)의 힘이 강했지만, 지금은 그렇지 않다. 지금의 대세는 단연 온라인이다. 그중에서도 동영상 기반의 소셜 네트워크 서비스다. 이에는 포털 사이트, 오픈마켓, 소셜커머스, 소셜 네트워크 서비스, 자사 웹사이트,

뉴스레터 등과 같은 다양한 채널이 존재한다. 너무 많아서 어디에 집중해야 할지 모르는 상황이다. 따라서 초기에는 선택과 집중이 필요하다. 선택과 집중을 하는 데 필요한 지표는 오로지 '고객'이다. 우리의 고객이 어디에 많이 존재하는지 파악하고 그곳에 첫 번째 둥지를 틀어야 한다.

채널을 선택한 후에는 '메시지'가 필요하다. 다시 말해 '채널을 이용해 어떤 키 메시지를 보낼 것인지'를 결정해야 한다. 이를 위해서는 당신이 선택한 고객 가치를 메시지로 치환해야 한다. 그리고 이 메시지가 당신이 제작한 모든 콘텐츠에 반영돼야 한다.

4. 고객과의 만남을 시작한 후에 해야 할 일은 '관계 형성(Customer Relationships)'이다. 당신은 고객과 어떤 관계를 맺고 싶은가? 손님과 사장의 관계를 맺고 싶은가, 당신의 서비스를 사랑하는 단골 또는 마니아로 만들고 싶은가, 고객과 친구처럼 지내고 싶은가?

당신이 어떻게 고객과 관계를 맺고 싶은지는 오로지 당신의 선택에 달려 있다.

우리가 고객과 관계를 형성할 때 기존 기업의 방식을 모방하거나 따라 할 필요는 없다. 나와 고객이 편한 방식으로 관계를 맺으면 된다. 중요한 점은 고객과 관계 맺기는 고객과 처음 만나는 시점부터 시작된다는 것이다. 그렇기 때문에 고객과의 첫 미팅에 목숨을 걸 필요가 있다. 인위적인 관계 맺기보다는 고객에게 꼭 필요한 사람이 되고 고객에게 꼭 필요한 정보를 제공해 고객이 찾아오게 만드는 것이 중요하다. 인위적인 관계 맺기가 무엇인지 궁금하다면 기업이 현재 고객에게 제공하고 있는 마케팅 전략을 분석해보면 쉽게 알 수 있다.

5. 그다음에는 '수익 구조(Revenue Streams)' 또는 '흐름'을 살펴봐야 한다. 수익 모델을 만들기 위해서는 기업이 어떻게 고객에게 돈을 받고 있는

지 관찰하고 정리해봐야 한다. 그런 다음 그 모델을 내가 하고 있는 일에 적용할 수 있는지 살펴봐야 한다. 가장 쉬운 수익 모델의 예로는 '판매 모델'을 들 수 있다. 싸게 사서 비싸게 팔면 된다. 물론 경쟁이 치열하기 때문에 무한정 비싸게 팔 수는 없다.

그다음으로는 서비스를 제공하고 받는 서비스료를 고려해야 한다. 대표적인 예로 전문가 집단인 변호사, 법무사, 컨설턴트를 들 수 있다. 신문처럼 구독료를 받는 모델도 있다. 또는 누군가에게 서비스를 무료로 제공하고 다른 곳에서 돈을 받는 프리 모델도 있다. 이외에도 다양한 모델이 존재한다. 이때에는 수익 구조 중 어떤 부분에서 수익이 창출되는지 살펴봐야 한다. 수익이 창출되는 부분을 명확하게 알지 못하고 그대로 차용하면 큰 낭패를 볼 수 있다. 여기까지가 조직의 외부에서 발생하는 일이다.

6. 내부에서는 핵심자원(Key Resources)을 잘 파악해야 한다. 당신이 고객에게 제공하고자 하는 가치를 만들기 위한 핵심자원이 무엇인지 알아야 한다. 만약 당신에게 핵심자원이 없다면 핵심 파트너를 활용해 확보해야 한다. 나중에는 이 핵심자원을 스스로 만들어내야 한다. 핵심자원이 당신을 더 특별한 존재로 만들어주기 때문이다. 이 핵심자원은 당신의 강점또는 약점에서 도출될 수 있다. 당신이 전혀 생각하지 못한 부분이 핵심자원이 될 수도 있다. 핵심자원은 크게 인적 자원, 물적 자원, 재무 자원, 무형자원으로 구분할 수 있다.

7. 핵심 활동(Key Activities)은 핵심자원을 기반으로 일어난다. 이 또한 고객에 제공하는 가치를 만들기 위한 활동이다. 고객에게 제공하는 가치가 디자인이라면 디자인 역량을 개발하는 데 최선을 다해야 하고 문제 해결 능력이라면 다양한 경험 및 사례 연구에 집중해야 한다. 하지만 일을 하다 보면 일에 치여 핵심 활동의 비중이 줄어들기도 한다. 나는 모르지만 고객

은 안다. 그렇기 때문에 이러한 활동을 게을리하면 안 된다.

이러한 활동이 습관이 될 수 있게 만들어야 한다. 발레리나 강수진은 "눈물과 땀은 거짓말하지 않는다. 노력을 뛰어넘는 재능은 없다. 최선을 다해 오늘을 사는 것, 그게 내 꿈이다."라고 말했다.

8. 핵심 파트너(Key Partnerships)는 당신을 믿고 도와주는 사람이자, 개인의 비즈니스 모델 중 가장 중요한 부분이다. 모든 비즈니스는 사람이 움직인다. 일은 사람이 하는 것이다. 이 점이 가장 중요하다. 사람이 없으면 아무것도 할 수 없다. 모든 일을 혼자 해냈다고 생각하거나 주위의 도움 없이 그 자리에 올라왔다고 생각하면 안 된다. 만약 당신이 이런 생각을 하고 있다면 당신 주위에 남아 있는 사람은 그리 많지 않을 것이다.

핵심 파트너를 만들거나 함께 가는 방법은 '먼저 주는 것'이다. 뭔가를 바라지 않고 먼저 주는 마음이 필요하다. 누군가에게 뭔가를 준다는 것은 부의 크기와는 상관 없다. 다른 사람에게 뭔가를 주겠다는 마음만 있다면 누구나 도움을 줄 수 있다.

그다음은 '기다림'이다. 믿고 기다려주는 것이다. 그 사람이 성장할 때까지 또는 준비될 때까지 믿고 기다려주는 마음이 필요하다. 그다음은 '신뢰'다. 신뢰를 깨지 않는 것이 중요하다. 약속은 지키라고 있는 것이다. 그다음은 '대화'다. 문제가 있으면 이야기를 해야 한다. 문제는 언제, 어디서나 발생한다. 문제가 발생했는데도 아무런 행동도 취하지 않는 것이 더 큰 문제다.

9. 마지막으로 당신이 원하는 일하는 데 들어가는 비용(Cost)이 무엇인지, 어떻게 사용되는지 파악해야 한다. '가랑비에 옷 젖는 줄 모른다.'라는 속담이 있다. 개별적으로 보면 큰돈이 아닐지 몰라도 합쳐보면 목돈이다. 예를 들어 당신이 사업을 영위하기 위해 하루에 3만 원씩 지출하고 근무

일이 20일이라면 60만 원이다. 만약 사무실 월세가 40만 원이라면 지출이 100만 원으로 늘어난다. 여기에 한 달에 2번 정도 업무상 네트워킹 비용이 20만 원이라면 120만 원이 된다. 이렇게 지출하는 비용을 합쳐 보면 어느새 200만 원을 넘어버린다. 이렇게 12개월이 지나면 약 2,400만 원 정도의 돈을 지출하게 된다. 그런데 이 비용에는 경쟁력 있는 상품을 만드는 데 필요한 투자 비용이나 제작 비용은 빠져 있다. 만약 이 상태에서 직원 한 명을 고용하면 비용은 지금의 배가 될 것이다.

비용 구조에는 '고정비'와 '변동비'가 있다. 고정비는 매달 '고정적으로 나가는 돈', 변동비는 '지출의 성격에 따라 돈의 규모가 달라지는 돈'이다. 고정비의 예로는 '인건비'와 '월세', 변동비의 예로는 물량에 따라 늘어나고 줄어드는 '원재료 구입 비용'을 들 수 있다.

위 내용을 바탕으로 당신이 꿈꾸는 비즈니스 모델 캔버스를 그려보기 바란다.

비즈니스 모델 캔버스

Business Model Canvas

Key Partners

Key Activities

Value Preposition

Customer Relationships

Customer Segments

Key Resources

Channels

Cost Structure

Revenue Streams

04

언택트 시대의 생존력,
자기이해

목적지만 입력하면 길을 자동으로 안내해주던 세상은 끝났다. 내비게이션의 도움 없이 스스로 길을 찾아야 한다. 여기서 내비게이션은 '세상을 우리보다 먼저 살아온 세대'를 말한다.

우리는 이들이 살아온 삶의 지혜 덕분에 발전해왔다. 하지만 코로나19로 모든 것이 달라졌다. 한순간에 세상이 변했다. 미래가 어떻게 변할지 예견하기 힘든 시간이 됐다.

코로나19가 아니더라도 우리가 앞으로 살아갈 세상은 그동안 살아온 세상과는 전혀 다를 것이다. 의료 기술의 발전으로 평균수명 100세 시대가 됐지만 아직까지 사회 시스템은 60세 시대에 맞춰져 있다.

이러한 변화의 길목에서 길을 제대로 찾아가려면 자기에 대한 이해가 선행돼야 한다. 그래야만 선택할 때 망설이지 않게 되고 선택한 후에도 제대로 나아갈 수 있다.

"열 길 물속은 알아도 한 길 사람 속은 모른다."라는 말이 있다. 그만큼 사람의 속마음은 알기 어렵다. 자기 자신을 아는 것이 얼마나 힘들었으면 소크라테스가 "너 자신을 알라."고 말했을까 싶다. 옛날이나 지금이나 자신을 아는 것은 쉬운 일이 아닌 것 같다.

자기 자신을 잘 알지 못하면, 코로나19와 같은 위기가 닥쳤을 때 버틸 수 있는 힘이 없을 수도 있다. 여기서 '버틸 수 있는 힘'이란, 돈 또는 체력이 아니라 '나를 지탱해주는 마음'이다. 정신 줄을 놓게 되는 순간 쓰러지는 것이다. 정신 줄을 놓는다는 것은 삶의 의욕이 없다는 것이고, 삶의 의욕이 없다는 것은 삶의 목적도 의미도 없어진다는 것이다.

어떻게 하면 자신을 잘 알 수 있을까?

나와 대화해보는 것이다. 즉, 내가 묻고 내가 대답하는 것이다. "내 문제의 정답은 내가 알고 있다."라는 말이 있다. 나와의 대화를 인식하려면 끊임없이 내 자신에게 말을 걸고 내 마음을 관찰할 필요가 있다. 내 마음이 어떻게 변하는지, 어떻게 흘러가는지 지켜봐야 한다. 이를 글로 작성해보는 것도 많은 도움이 된다.

아침에 일어났을 때나 저녁에 잠들기 전에 자신의 몸을 자세히 살펴본 후(즉, 몸에 이상은 없는지, 어제와 달라진 점은 없는지, 아픈 곳은 없는지) '내 몸 일기'를 쓰는 것이다. 아침에 하기 힘들면 저녁에 10분 정도 시간을 내서 작성하면 된다.

- 아침에 일어나거나 저녁에 잠들기 전에 내 몸을 머리끝부터 발끝까지 살펴본다.
- 내 몸의 상태가 어떤지, 상태가 좋지 않다면 그 이유는 무엇인지 생각해본다.
- 일기를 쓴다.

- 일기를 쓸 때는 스마트폰이나 노트를 사용한다. 스마트폰보다는 노트를 권한다.
- 이러한 행위만으로도 내 몸을 더 많이 알 수 있다.

내 몸을 더 많이 알아간다는 것은 자신에 대한 이해의 폭이 넓어져 윤택한 삶의 길로 들어선다는 것을 의미한다.

일터에서는 내가 하는 일에 관한 '업무 일기'를 쓴다. 기록하는 방식은 하는 일에 따라 다를 것이다. 업무 일기를 작성하는 것이 일이 되면 안 된다. 누군가에게 보여주거나 인정받기 위해서가 아니다. 오롯이 나 자신을 위해 쓰는 것이다.

어떤 날은 잡무에 시달려 쓸 만한 것이 없을 수도 있다. 일주일에 하루 정도 업무 일기를 작성한다면 내가 지금 하고 있는 일을 심각하게 고민해봐야 한다. 즉, '나는 조직에 기여하고 있는가?', '부가가치를 만들어내는가?'를 자문해봐야 한다.

- 오늘 내가 했던 업무 중에서 가장 부가가치가 높거나, 중요하거나, 비중이 높은 일을 작성한다.
- 그 일의 진척도 및 오늘 투자한 시간, 오늘의 결과물을 작성한다.
- 특별한 일이 없으면 그날의 업무적인 느낌을 작성한다.

'하고 싶은 일'을 찾아보는 것이다. 지금 머릿속에 떠오르는 친구에게 전화를 걸어 본인이 원하는 일을 하고 있는지, 일은 재미있는지 물어보라! 대부분은 "그냥 먹고살기 위해 하는 거지."라고 대답할 것이다.

'우리는 하고 싶은 일을 하면서 살 수 없는 것일까?', '원하는 일을 하면서 사는 사람은 우리와 유전자가 다를까?' 아니라고 생각한다. 아직 하고 싶은 일을 찾지 못했거나 늦게 찾았기 때문이다. 지금의 기득권을 포기하고 하고 싶은 일을 선택할 수도 있을 것이다. 인생은 수많은 선택의 연속이자 집합체다. 어제의 선택과 오늘의 선택이 지금의 당신을 만들었다.

하지만 이러한 선택을 할 수 있는 사람은 극소수일 것이다. 이렇게 극단적인 선택을 하지 않더라도 하고 싶은 일을 할 수 있다. 유예 기간을 두는 것이다. 내가 만약 20년 후에 은퇴한다면 20년의 유예 기간을 두고 20년 후에 시작하면 된다.

하고 싶은 일을 어떻게 찾을 수 있을까? '전 꿈이 없어요!', '하고 싶은 일이 없어요!', '무엇을 해야 할지 모르겠어요!'라고 이야기하는 사람도 하고 싶은 일을 찾을 수 있을까?

가끔 주위에서 누군가 무엇을 하는데 그것을 보고 '나도 하고 싶다.'라는 욕망이 일어나는 경우가 있다. 한 번 보고 따라 했는데 남들보다 쉽게 하거나, 남들보다 시간이 적게 걸리거나, 보는 순간 이해가 되는 경우도 있다. 또는 시간 가는 줄 모르고 뭔가에 몰입해 일하는 경우도 있고 밤을 새워 뭔가를 했는데 피곤하지 않은 경우도 있다. 이러한 일이 바로 내가 하고 싶은 것이다.

왜 우리는 하고 싶은 일을 알고 있으면서도 하지 않을까? 재능이 부족해 하지 않는 경우도 있고 돈이 없어 하지 않는 경우도 있고 다른 사람의 눈을 의식해 하지 않는 경우도 있고 두려움 때문에 하지 않는 경우도 있다.

내가 살아가는 이유를 찾아보는 것이다. 즉, '나의 미션 찾기'다. 나는 이 세상에 어떤 기여를 하고 싶고 세상에 무엇을 남기고 싶은지에 관한 것이다. 너무 추상적이고 어려울 수도 있다. 좀 더 쉽게 접근하면 내가 죽었을 때 사람들은 나를 어떻게 기억할지 생각해보면 된다. 당신이 죽으면 주변 사람은 당신을 어떻게 이야기할 것인가? 당신이 생각한 그 이야기를 할 것 인가, 아니면 다른 이야기를 할 것인가?

'호랑이는 죽어서 가죽을 남기고 사람은 죽어서 이름을 남긴다.'라는 속 담이 있다. 당신은 어떤 이름을 남기고 싶은가?

05

마인드셋
체크리스트

"거센 파도는 위대한 항해사를 만들고 높은 산은 도전하는 산악가를
만든다."

주위를 둘러보면 희망적인 메시지보다 부정적인 메시지가 더 많이 들려
온다. 코로나19 이후 무엇을 어떻게 준비해야 할지, 대비해야 할지 막막한
것이 현실이다. 사람이 무너지는 데는 환경적인 요인보다 내면적인 요인이
더 많이 좌우한다. 당신의 내면이 강할수록 위기 상황을 잘 극복할 것이다.

다음 체크리스트를 이용해 당신 내면의 건강성을 체크해보기 바란다.
체크 항목에 긍정적인 답변이 7개 이상이라면 외부 환경 변화에 흔들림 없
이 자신이 원하는 길을 가는 사람이고 5개 이하라면 부족한 항목이 무엇인
지 체크해 내면을 보완하면 된다.

언택트 시대 생존 방법

태도

	질문	답변
1	당신이 하는 일에 자부심을 느끼고 있는가?	
2	사람을 편견 없이 대하는가?	
3	사고가 유연한 사람이라고 생각하는가?	
4	나이가 어려도 배울 것이 있으면 배워야 한다고 생각하는가?	
5	일을 하다 잘못되면 누구 탓을 많이 하는가?(나 자신인가, 동료인가, 세상인	
6	태도가 변하면 인생이 달라진다고 믿는가?	
7	기회를 만드는 사람인가, 기다리는 사람인가?	
8	주위에 당신의 태도에 대해 조언해주는 사람이 있는가?	
9	태도와 관련된 책을 보거나 공부를 한 적이 있는가?	
10	매일의 삶이 의미가 있고 인생의 목표와 연결돼 있는가?	

개인 브랜드

	질문	답변
1	나도 브랜드가 될 수 있다고 생각하는가?	
2	어떤 브랜드가 되고 싶은가?	
3	왜 그 브랜드가 되고 싶은가?	
4	원하는 브랜드가 되기 위해 포기할 수 있는 것은 무엇인가?	
5	원하는 브랜드가 되기 위해 포기할 수 없는 것은 무엇인가?	
6	원하는 브랜드가 되기 위해 구체적인 계획을 세운 적이 있는가?	
7	브랜드가 되기 위해 지금 기울이고 있는 노력은 무엇이 있는가?	
8	브랜드가 되기 위한 나만의 상품(솔루션)이 있는가?	
9	브랜드를 홍보하기 위한 나만의 홍보 채널이 있는가?	
10	원하는 브랜드가 된다면 내 인생이 어떻게 변할 것이라 생각하는가?	

협력

	질문	답변
1	주위에 도움을 요청한 적이 있는가?	
2	주위에서 도와달라는 요청을 많이 받는가?	
3	다른 사람과 일할 때 각자 맡은 역할의 범위를 명확히 한 후에 시작하는가?	
4	협력을 잘하는 사람이라 생각하는가?	
5	협력을 잘하기 위해서는 무엇이 필요하다고 생각하는가?	
6	나는 협력을 잘할 수 있게 해주는 촉진자인가, 함께 일하는 협력자인가?	
7	함께 일하는 사람이 가장 탐내는 나의 재능은 무엇인가?	
8	함께 일하는 사람은 내가 하는 말을 잘 이해하는가?	
9	나는 함께 일하는 사람의 이야기를 잘 경청하는가?	
10	최근에 주위 사람과 함께 일을 하면서 만들어낸 결과물이 있는가?	

자기경영

	질문	답변
1	인생의 방향, 즉 내가 가고자 하는 길이 명확한가?	
2	나 자신을 위한 인생 스케치북이 있는가? (20대/30대/40대/50대/60대/70대/80대/90대/100세 이후)	
3	내가 지니고 있는 강점 세 가지만 작성해보시오.	
4	내가 생각하는 약점 세 가지만 작성해보시오.	
5	내가 작성한 강점과 약점을 친구, 직장 동료, 지인에게 보여주고 그들의 반응을 작성해보시오.	
6	내가 겪은 위기 상황을 어떻게 극복했는지 작성해보시오.	
7	내 인생에는 몇 번의 기회가 왔고 이를 어떻게 활용했는지 작성해보시오.	
8	새로운 인생을 시작하기에 늦은 나이는 없다고 생각하는가?	
9	나는 미래지향적이며 미래를 위한 투자를 하고 있는가?	
10	내 인생에서 가장 중요한 신념은 무엇인가?	

자기이해

	질문	답변
1	내가 생각하는 나에 대한 이해도는 100점 만점 중 몇 점이라고 생각하는가?	
2	그 점수를 선택한 이유는 무엇인가?	
3	나는 내 자신(내면의 목소리)과 대화를 하는가?	
4	자신(내면)과 대화하는 데 필요한 것은 무엇이라 생각하는가?	
5	내 몸에 대해 많이 안다고 생각하는가?	
6	나에 대한 생각을 정리하기 위한 메모 또는 일기를 쓰는가?	
7	내면의 목소리를 듣고 선택해서 결과가 좋았던 경험이 있는가?	
8	내면의 목소리를 듣지 않아 결과가 좋지 않았던 경험이 있는가?	
9	내가 하고 싶은 일을 하고 있는가?	
10	내가 세상에 남기고 싶은 것은 무엇인가?	

표준화된 일에
급제동이 걸리다

"위기는 새로운 기회를 만든다." 언택트 시대의 일터는 시간과 장소에 구애받지 않는 새로운 형태로 바뀌고 있다. 비대면 업무의 가능성을 발견한 기업은 변화하고 있는데 개인은 어떻게 생존해야 하는가? PART 2에서는 변화하고 있는 사무실과 조직, 협업 툴, 화상회의 스킬 및 기업이 제시하는 범주를 뛰어넘어 개인이 맞이한 언택트 시대의 생존 전략에 대해 알아본다.

01

사무실이
변하고 있다

오랜 전통과 관행을 깨는 일은 불확실성과 불안감을 수반한다. 그러나 코로나19로 전 세계가 비대면 업무 방식의 가능성을 발견하고 기업 생산성 또한 떨어지지 않는다는 것을 경험하고 있다. 혹독한 위기는 새로운 기회를 만든다. 얼굴을 보고 업무를 지시해야 성과가 난다는 생각을 이번 기회에 바꿔야 한다. 재택과 원격으로 이동하면서 각자 컴퓨터로 일하는 스마트워크 환경은 전통적 의미의 직장과 사뭇 다르다. 비대면 방식 업무에 대한 요구가 늘어나면서 일하는 방식에 대한 인식의 대전환이 이뤄지고 디바이스 소프트웨어의 중요성도 커지고 있다.

코로나19 이후 회사에 출근하지 않고 집에서 근무하는 재택근무가 확산되면서 비대면 문화가 기업 업무 방식, 즉 일하는 방식에 변화를 일으키고 있다. 업무 공간의 경계가 무너지고 시간과 장소에 구애받지 않는 비대면 업무 방식이 증가함에 따라 유연근무제 및 스마트 오피스 도입이 확산되고 있다.

스마트 오피스에서 중요한 IT 도구는 원격근무 시 활용하는 화상회의 시스템이나 원활한 업무공유 및 의사소통을 위한 협업 툴이다. 클라우드 기반의 업무 방식도 확산되고 있다.

정보 통신 기술 기업은 스마트 오피스 도입에 가장 적극적으로 나서고 있다. 소프트웨어나 자사 플랫폼을 활용한 IT 도구를 이용한 재택근무도 타 업종에 비해 신속하게 이뤄졌다. 스마트폰, 노트북과 같은 기기만 갖추면 시간과 장소에 구애받지 않고 언제 어디서든 업무를 볼 수 있게 전환한 것이다.

물리적인 사무실 공간의 활용도는 줄어들고 비대면 미팅 및 재택근무와 같은 비대면 업무 방식이 점점 늘어나고 있다. 지금은 기업 또는 개인이 어떤 방식으로 업무 방식을 전환해야 할지를 고민해야 할 때다.

이번에는 코로나19와 함께 맞이한 개인의 변화와 준비를 주류 키워드를 중심으로 살펴보자.

변혁이나 혁신은 점진적(Incremental)이 아니라 급진적이고 파괴적(Disruptive)으로 다가온다. 코로나19로 발생한 단 몇 개월 동안의 변화가

언택트 시대 생존 방법

기업이 원격근무, 재택근무 등과 같은 근무 방식의 유연성을 위해 10년 이상 노력한 것보다 급진적으로 다가왔다. 아침 9시부터 저녁 6시까지 사무실에서 일하는 일상은 사라지고, 당연했던 일의 방식이 하루아침에 당연하지 않게 됐다.

일하는 방식이 바뀌고 있다. 내 방의 책상으로 '출근'하는 재택근무가 현실이 된 것이다. 일하는 방식과 장소의 변화뿐 아니라 고용이 중단되고 가게가 문을 닫고 수많은 사람이 일자리를 잃는 등 일상이 전시(戰時)처럼 변하고 있다.

코로나19가 끝나면 이전의 일상으로 돌아갈 수 있을까? 일반적인 예전 상태로는 돌아갈 수는 없을 것이고 새로운 일상, 뉴 노멀 시대가 될 것이다. 이와 같은 변화가 근로 문화의 하나로 자리잡을 것이다. 근무 형태 변화는 벤처 기업, 스타트업 등과 같이 변화에 민감한 일부 영역에 국한된 것이 아니라 중소기업은 물론 공공기관 등의 보수적 조직에도 빠르게 확산되고 있다.

내 방으로 출근한다

중학생을 대상으로 스마트러닝 제품을 판매하고 있는 중소기업 H 사의 콜센터 직원 K 씨가 자택에서 스마트폰을 이용해 고객 상담 업무를 하고 있다. K 씨는 요즘 매일 오후 12시 40분에 내 방으로 출근한다. 오후 1시부터 걸려오는 고객 전화를 받아 회원 가입 상담 업무를 한다. 내 방 출근, 즉 재택근무는 한 달 정도 됐다. 코로나19 이전에는 상상도 하기 힘든 일이었다.

코로나19가 근무 환경을 바꿔놓고 있다. 근무 형태는 물론 근무 시간도 다양해졌다. 전문가들은 코로나19가 끝난다 하더라도 이와 같은 변화가 근로문화의 하나로 자리잡을 것으로 보고 있다.

코로나19로 인한 재택근무 현황

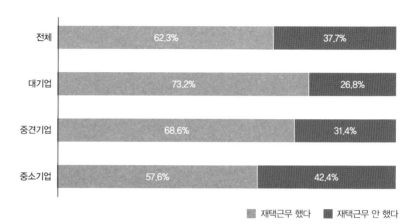

잡코리아와 알바몬이 직장인 885명을 대상으로 조사한 '코로나19 사태로 인한 재택근무 현황'에 따르면, 62.3%가 재택근무를 한 것으로 나타났다. 직장인들의 재택근무 만족도는 '매우 만족'(22%), '대체로 만족'(45.7%)으로, 전반적으로 높았다.

잡코리아 취업뉴스 2020년 5월 20일
http://www.jobkorea.co.kr/goodjob/tip/View?News_No=16696

출처: 코로나 사태로 인한 재택근무 현황 설문조사/잡코리아 알바몬

언택트 시대 생존 방법

똑똑하게 일하기, 유연근무제

중소제조업체 P 사에 재직 중인 A 씨는 업무와 관련된 대학원에 다니고 있다. 그는 대학원이라는 개인 사정 때문에 오전 7시 출근, 오후 4시 퇴근하는 '시차출퇴근제'로 근무하고 있다. A 씨는 대학원 수업에 늦지 않고 제시간에 출석한다.

R 사 기술개발팀에 근무하는 B 씨는 오늘 오후 3시에 출근했다. 협력사와 오후 5시에 화상회의가 있다. B 씨는 선택 근무제로 오전에 처리해야 할 업무가 많은 날은 일찍 출근하고 협력사나 다른 팀과의 협업 등이 있을 때는 오후에 출근한다.

IT업계 D 사에 근무하는 Y 씨는 재택근무 중이다. Y 씨는 재택근무 실시 이후 회의 참여 숫자가 줄었다. 불필요한 회의가 사라져서 담당 업무에 집중할 수 있다. 업무를 '시간' 단위로 일하기보다는 '목표' 단위로 일하게 돼 집중도가 높아졌다. 하지만 '일하고 있다.'는 것을 계속 증명해야 하는 느낌이 든다. 가끔은 일과 삶의 균형이 깨진다. 대면으로 소통하면 더 신속하게 처리될 일을 온라인으로 처리하니 불편할 때도 있다. Y 씨는 오프라인과 온라인 업무가 양립하는 것이 바람직하다고 느낀다.

유연근무제란, 근로자가 개인 여건에 따라 근로 시간과 근로 장소 등을 선택, 조정할 수 있는 제도다. 업무량이 많을 때는 집중해서 길게 일하고 업무량이 적을 때는 근무 시간을 줄여 근로자의 일과 생활을 조화롭게

(Work-Life Balance)함으로써 인력 활용의 효율성을 높일 수 있는 장점이 있다. 코로나19 이후 선택이 아니라 필수 근무 형태로 받아들여지고 있다.

유연근무제는 1달을 기준으로 주당 평균 40시간(연장 근로 포함 최대 52시간) 범위 내에서 일일 출퇴근 시간 및 근로 시간을 자율적으로 조정할 수 있는 시차출퇴근제와 선택근무제, 업무 수행 방법을 상호 합의하에 결정하고 해당 시간을 근로 시간으로 보는 재량근무제, 원격근무용 사무실이나

유연근무제의 유형

유형	개념	예시
시차출퇴근제	주 5일 근무, 1일 8시간, 주 40시간 근무를 준수하면서 출퇴근 시간을 조정	• 출근 시간대 07:00~10:00, 퇴근 시간대 16:00~19:00로 운영 • 근로자가 출퇴근 시간 선택
선택근무제	평균 근로 시간이 주 40시간을 초과하지 않는 범위 내에서 1주 또는 1일 근무 시간을 자유롭게 조정하는 제도	• 출퇴근 시간을 자유롭게 선택 　– 화~금요일 10시간 근무(총 40시간) 　– 월, 금요일 5시간 근무(총 40시간) 　– 화~목요일 10시간 근무
재량근무제	업무의 특성상 업무 수행 방법을 근로자의 재량에 따라야 하는 경우, 사용자와 근로자가 합의한 시간을 근로 시간으로 보는 제도 (법에서 정한 업무에 한정, 근로기준법 시행령 제31조)	연구 개발, 정보 처리 시스템 설계·분석, 취재, 디자인 등
재택근무제	근로자가 정보 통신 기기 등을 활용해 사업장이 아닌 주거지에서 업무 공간을 마련해 근무하는 제도	• 주 1일 이상 근로자의 주거지 근무 　– 월, 수, 금요일은 집에서 근무 　– 화, 목요일은 사무실 출근
원격근무제	주거지, 출장지 등과 가까운 원격근무용 사무실에서 일하거나 사무실이 아닌 장소에서 모바일 기기를 이용해 근무하는 제도	• 주 1일 이상 주거지와 근거리의 원격근무센터 근무 • IT를 기반으로 이동이 편리한 장소의 원거리 근무

출처: 고용노동부

언택트 시대 생존 방법

모바일 기기를 이용해 근무하는 원격근무제, 주거지에서 근무하는 재택근무제로 분류할 수 있다.

유연근무제 간접노무비 지원사업은 재택근무, 원격근무, 시차출퇴근, 선택근무 등을 도입한 중소·중견기업 사업주에게 정부가 인건비의 일부를 지원하는 정책이다. 주당 유연근무제 활용 횟수에 따라 근로자 1인당 주당 10만 원, 연간 최대 520만 원을 지원한다.

2020년 7월 1일 고용노동부가 발표한 유연근무제 간접노무비 지원사업 신청 현황 자료를 바탕으로 2019년, 2020년 동 기간을 비교한 결과, 코로나19로 인한 기업의 유연근무제 도입이 2019년 대비 2020년 급격한 증가 추세를 보이고 있다.

2020년 5월까지 4,642개 사업장에서 4만 8,878명의 근로자에 대한 유연근무제 간접노무비 지원 신청을 접수했다. 2019년 동 기간 동안 857개 사업장에서 5,749명이 신청한 것에 비해 신청 근로자 수를 기준으로 8.5배가 늘어났다.

유연근무제의 유형 가운데 재택근무 지원금 신청은 5월까지 1,976개 사업장, 1만 9,556명에 달해 전년 동기(46개 사업장, 84명) 대비 232배나 폭증했다. 선택근무 지원금 신청은 2020년 5월까지 251개 사업장, 4,100명이 신청해 2019년 동기(95개 사업장, 692명)대비 인원 수 기준으로 5.9배 늘

유연근무제 신청 현황

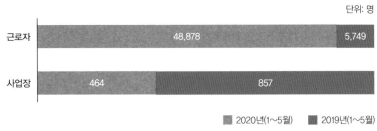

단위: 명

근로자 48,878 5,749
사업장 464 857

■ 2020년(1~5월) ■ 2019년(1~5월)

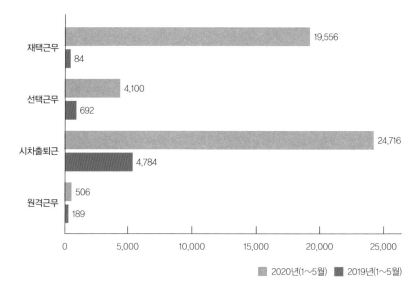

유연근무제 종류별 신청 현황

재택근무 19,556 / 84

선택근무 4,100 / 692

시차출퇴근 24,716 / 4,784

원격근무 506 / 189

0 5,000 10,000 15,000 20,000 25,000

■ 2020년(1~5월) ■ 2019년(1~5월)

었고 시차출퇴근 지원금 신청은 2020년 2,711개 사업장, 2만 4,716명이 신청해 2019년(725개 사업장, 4,784명) 대비 5.2배 늘었다. 원격근무도 2020년 81개 사업장, 506명이 신청해 2019년(26개 사업장, 189명) 대비 2.7배 늘었다.

학습 방식도 변해요!

코로나19 이후 기업의 교육은 오프라인 교육이 중단되면서 온라인 교육 비중이 증가했다. 강사가 강의를 녹화해 보여주는 일방향 학습뿐 아니라 온라인상에서 실시간으로 강사와 학습자가 상호 소통하는 쌍방향 온라인 교육도 도입되고 있다. 기존에 직원 교육을 한 적이 없던 중소기업도 시간과 장소의 제약이 없는 이러닝 방식을 이용해 직원 교육을 실시하고 있다.

아웃소싱 업체 T 사는 연간 계획된 교육과정 중 온라인 대체 가능한 과정에 줌(ZOOM) 또는 카카오TV를 활용한 실시간 온라인 교육을 도입했다. 실시간 온라인 교육 방식이 처음 이뤄지는 만큼 교육 하루 전에 교육 매체 사용법도 익히고 원활한 교육을 위한 오리엔테이션 시간도 가졌다. 직원들의 관심과 참여를 유도하기 위해 스타벅스 아메리카노 받기 이벤트도 진행했다.

N 사는 유튜브를 활용해 2020년 승진자 대상 교육을 마쳤다. 해마다 승진자를 발표하고 곧이어 1~2월경 승진자 교육을 오프라인으로 진행하는데, 코로나19 확산에 따라 유튜브 라이브 스트리밍 교육으로 진행한 것이다.

재택근무, 유연근무 만족해요

바이오 제약 기업 H 사는 2019년 7월부터 스마트워크 제도를 시범적으로 도입했다. 그 결과 직원의 70%가 매우 만족한다고 응답하면서 2020년에는 이 제도를 공식적으로 운영하고 있다.

부서별 협의에 따라 주 2회 재택근무를 활용할 수도 있다. 근무 시간 역시 오후 1시부터 오후 3시까지로 정해진 핵심근무 시간만 포함하면 하루 8시간 이내에서 업무 시간, 종료 시간을 자유롭게 정할 수 있다. 돌봄이 필요한 자녀가 있거나 출퇴근 시간이 긴 직원의 상황을 회사가 직접 듣고 공감하면서 도입한 제도다. 시간을 효율적으로 관리할 수 있어 업무 집중도를 높일 수 있다. 또 절약한 시간을 가족과 함께 보내거나 자기계발 등에 투자할 수 있어 워라벨(Work-life balance)을 지키는 데도 도움이 된다.

코로나19의 영향으로 한 달 가까이 시행 중인 재택근무에서 기존 화상회의 시스템과 온라인 교육 시스템, 사내 인트라넷, 모바일 앱, 이메일, 소셜 네트워크 서비스 등을 활용한 전사적 업무 방식이 변하고 있다. 업무 방식을 효율적으로 개선하기 위해 앞으로도 직원의 다양한 의견을 반영해 운영할 계획이다.

유연근무제는 직원들이 매일 사무실로 출근하지 않아도 기업이 높은 생산성과 효율성으로 성공적인 비즈니스를 만들 수 있다는 것을 보여주기 시작했다. 유연근무제는 이전과 다른 새로운 표준이 될 뿐 아니라 육아 부담이 크고 보육 기관이 부족한 상황에서 좋은 대안이 될 수 있다.

중소기업 스마트워크 현황

중소기업중앙회가 중소기업 301개를 대상으로 조사한 '중소기업 스마트워크 구축 현황'에 따르면, 59.5%가 '스마트워크를 들어본 적 없다.'라고 대답했다. 이외에 '명칭만 들어봄.'(17.6%), '대략적으로 알고 있음.'(17.3%), '상세히 알고 있음.'(5.6%)으로 중소기업의 스마트워크에 대한 인지도는 전반적으로 매우 낮은 것으로 나타났다.

응답 중소기업 중 스마트워크 활용 유형은 '이동(모바일)근무'(84.4%), '영상·화상회의'(51.0%), '재택근무'(28.1%), '클라우드 컴퓨팅'(26.0%) 순으로 나타났다. 스마트워크 활용 효과에 대해서는 거의 모든(92.7%) 중소

중소기업 스마트워크 구축 현황 조사

출처: 중소기업중앙회, 2020

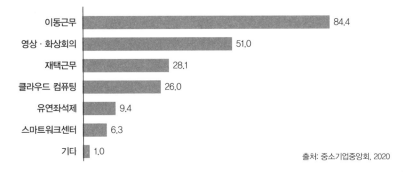

기업이 근무 환경 개선 및 직원 만족도 제고 등 생산성(업무 효율) 향상에 도움이 됐다고 답했다. 생산성 향상이라는 확실한 효과가 있는데도 중소기업이 스마트워크를 활용하지 못하는 이유로는 '업무 특성상 활용 불가', '자금 부담', '새로운 업무 방식에 대한 적응 부담', '대면 중심 조직 문화', '활용 방법을 잘 몰라서' 등으로 답했다.

스마크워크는 코로나19 이전에 이미 대기업 등을 중심으로 진행되고 있었다. 반면, 중소기업은 재택근무, 유연근무 등과 같은 새로운 업무 방식을 경험하지 못하고 있었다. 스마트워크를 실시했다 하더라도 이동(모바일)근무로 집중돼 있어 대기업이 실시하고 있는 전사적 스마트 오피스와는 차이가 있었다.

대기업과 중소기업의 격차는 더욱 벌어지고 있다. 이러한 격차는 기업과 개인에게 경제적 불평등과 양극화를 심화시키고 있다. 자영업자, 소상공인, 일용직 근로자 소득은 크게 감소하고 자금 여력과 스마트워크에 대한 인식이 충분치 않아 스마트워크 도입을 주저하고 있던 중소기업의 매출에도 영향을 미치고 있다. 코로나19 이후 언택트, 뉴 노멀 시대가 도래한 지금, 중소기업도 전통적 업무 방식이라는 익숙함과 이별하고 새로운 방식의 스마트워크 도입을 고민해야 할 때다.

바뀌는 일터의 풍경

다음은 SKT가 '5G 스마트오피스' 행사장에서 공개한 바뀌는 스마트 일터의 모습이다.

얼굴이 곧 출근 도장이다

ID 카드가 없어도 괜찮다. '5G 워킹스루 시스템'은 카메라 기반 영상 분석 및 딥러닝 기술을 이용해 각 직원의 얼굴의 피부톤, 골격, 머리카락 등 약 3,000개의 특징을 찾아내고 구분한다. 엘리베이터 앞에 서 있던 직원이 출구 쪽으로 얼굴을 돌리자 곧바로 출입문이 열린다. 출입증을 군이 갖고 다니지 않아도 나 자신이 신분증 역할을 한다.

인공지능 카메라를 활용한 감성 분석을 통한 직원 케어 서비스도 있다. 표정이 좋지 않은 직원에게 "햇볕이 드는 좌석에 앉는 게 어떻겠느냐?"라고 추천하거나 휴식을 취하라고 권한다. 영상 분석 기술을 확대 적용해, 음료를 가져가면 얼굴을 식별해 요금을 청구하는 무인 인공지능 자판기도 있다.

5G 스마트 오피스는 사물인터넷을 이용해 촘촘하게 연결돼 있다. 사무실 천장, 주차장, 복도, 지능형 CCTV, 화장실 문고리 등에 설치된 총 2,300여 개의 센서는 주변의 정보를 실시간으로 수집해 서버에 전송한다. 회의실 예약 추천, 냉·난방 가동 등과 같은 단순 업무도 인공지능 담당이다. 천장에 위치하고 있는 센서는 비식별 정보로 직원의 동선 데이터를 수집한다. 사람의 사용 빈도가 낮은 공간의 인테리어를 재구성하거나 효율적으로 활용하기도 한다.

매일 다른 자리에 앉는다

오피스 내부에는 가상회의실, 라운지, 집중 업무실 등과 같은, 다수를 위한 협업 공간이 있다. 자리는 앱을 통해 예약하거나 회사에 도착해 남은 자리를 선택적으로 이용한다. 개인 물품은 사물함에 보관한다. 자리를 예약하면 이름과 색상이 표시된다. 팀원이 어느 자리에 앉아 있는지 쉽게 찾을 수 있도록 팀별로 색을 다르게 설정한다. 화장실 문고리의 센서로 직원들은 화장실의 빈칸 유무를 자리에서 확인할 수 있다.

어디에 앉든 상관없다는 이야기다. 노트북도 필요 없다. 클라우드로 연결된 내 컴퓨터 화면을 불러와 곧바로 일하면 된다. 창 밖의 풍경이 가장 산뜻해 인기가 많은 자리에는 어느새 여럿이 앉을 수 있는 길쭉한 소파가 배치된다. 직원들의 동선이 그쪽에 몰려 있다는 것을 파악한 회사에서 가구를 새로 내준다.

혼합 현실을 이용해 회의를 한다

혼합 현실이란, 말 그대로 '다양한 방식을 혼합해 만들어낸 현실'이라는 뜻이다.

다른 지역에 있는 직원과 마이크로소프트의 '홀로렌즈'를 착용한 채 원격회의를 진행한다. 이메일로 PPT 자료를 보내면서 회의하던 때보다 대용량 데이터를 원거리에 있는 파트너에게 바로 전송하거나 실시간으로 협업을 할 수 있어 업무를 좀 더 편리하고 효율적으로 처리할 수 있다.

02

집단형 조직에서 개인형 조직으로

비대면 문화의 확산은 기업이 고수하던 전통적 '집단형 조직' 체계를 '개인형 조직'으로 바꾸고 있다.

코로나19가 빠르게 확산되면서 기업은 기존 현장 중심의 전통 근무를 과감히 포기했다. 업무 프로세스를 디지털 환경에 맞게 재설계해 부서별 칸막이를 해체하고 기존 관행과 규정을 고쳤다. 비대면 서비스 도입을 늘리고 재택근무를 확산하는 등 직원의 업무 효율 향상을 꾀하고 있다.

'개인형 조직'을 구축해 조직의 슬림화에 성공한 기업은 코로나19와 같은 위기에도 발빠르게 대응할 수 있으며, 조직원 개개인의 업무 능력을 효율적으로 극대화할 수도 있다. 코로나19에 따른 '개인형 조직' 문화의 정착은 최근 유행하고 있는 기업 디지털 전환의 가속화와 애자일(Agile) 조직, 긱 경제에서 찾을 수 있다.

디지털 전환에서 찾다

디지털 전환은 디지털 기술을 기반으로 기존의 전통적 조직 문화, 비즈니스 모델 등 기업 전반을 근본적으로 변화시키는 경영 전략이다. 디지털 전환을 이용해 디지털 기업으로 거듭나기 위해서는 사물인터넷, 클라우드, 빅데이터, 딥러닝, 인공지능과 같은 기술이 필요하다. 디지털 전환 성공의 관건은 '주요 기술을 기업이 어떤 방식으로 확보하느냐?'다.

제조 기반 중소기업은 소프트웨어 엔지니어가 부족하고 공장 시설, 생산 현장의 어느 지점에서 가장 중요한 데이터가 들어오고 나가는지에 대한 내부 자료가 없기 때문에 디지털 전환이 불가능에 가깝다. 아직까지도 전통적인 대면 업무 방식을 유지하고 있고 직접 프로젝트를 제안하고 고객과 미팅도 한다. 근로자는 재택근무나 화상회의 대신 무급휴직 제안도 받았다. 이렇게 디지털 전환이 어려운 중소기업은 디지털 전환이 이뤄지고 있는 기업에 비해 조직 능력, 업무 혁신, 기업 경쟁력 등에서 크게 뒤처지고 있다.

'개인형 조직'으로의 탈바꿈 과정에서 발생한 양극화는 기업뿐 아니라 조직 내 개인별 성과에도 영향을 미친다. 기존의 수직적 기업 구조와 집단형 조직 체계에서 개인형 조직 체계로 변화하는 과정에 적응하지 못한 직원은 도태된다. 코로나19 이전에 개인 과제 중심의 사내 문화를 도입한 기업이 코로나19 이후 진가를 발휘하고 있다.

디지털 전환을 이용해 새로운 유형의 일자리를 창출하고 인간의 문제 해결 능력을 증강시키면 크고 복잡한 문제를 해결할 수 있다. 기업은 소속 조직 내 역할을 재정립하고 재교육 프로그램 개발 작업과 기존 인재를 대상으로 기술 향상 및 재정비 작업을 실시해야 한다. 또한 조직에 새로운 인재 및 기술을 제공할 방법도 마련해야 한다.

조직의 디지털 전환에 성공하려면 어떻게 해야 할까? LG경제연구원 보고서에 따르면, 조직 설계 시 고려해야 할 기본 요소로는 사람, 조직 구조, 조직 문화를 들 수 있다.

첫째, 산업 전문성과 소프트웨어 전문성을 갖춘 사람이 필요하다.

둘째, 급변하는 디지털 환경에 빠르게 대처할 수 있는 유연한 조직 구조를 갖춰야 한다. 하버드 대학의 마이클 포터는 '이슈에 따라 이합집산하고 다양한 아이디어를 실험해보는 팀 조직'을 새로운 조직 체계로 소개했다.

셋째, 사람에게 동기를 부여할 시스템이 필요하다. 상대 평가보다 절대 평가나 보상 방식을 강화하는 것이 팀 조직을 운영하는 데 적합하다.

넷째, 실험과 속도를 중시하고 리스크를 두려워하지 않고 협력적·수평적 커뮤니케이션을 장려하고 데이터에 기반을 둔 의사결정을 중시하는 디지털 문화를 배양해야 한다.

조직을 떼었다 붙이는 애자일 조직

세상이 불확실하고 급변하는 만큼 기업이 경쟁에서 이기려면 속도를 중시하는 스피드 경영과 유연한 사고가 필요하다. 이와 함께 조직 내부와 거래 관계의 신뢰가 요구된다. 코로나19 이후 급변하는 시장 환경 속에서 고객의 다양한 수요에 유연하고 민첩하게 대응할 경영 방식으로 조직을 떼었다 붙일 수 있는 애자일한 조직이 디지털 전환과 함께 대두되고 있다.

'애자일'이란, 소프트웨어 개발 방식 중 하나로 통용되던 말이다. 작업 계획을 짧은 단위로 수립하고 시제품을 만들어나가는 사이클을 반복함으로써 고객의 요구 변화에 유연하고 신속하게 대응하는 개발 방법론이다.

이와 반대되는 개념이 전통적 개발 방법론이라 할 수 있는 '워터폴 (Waterfall) 방식'이다. 우리나라 기업에 익숙한 이 방식은 장기적인 관점에서 계획을 수립하고 사전에 단계별로 정해놓은 기준을 충족하지 않으면 다음으로 넘어가지 않는 특징이 있다.

최근 애자일이라는 용어는 소프트웨어 개발에 국한되지 않고 조직과 사업 등 기업 경영 전반으로 사용 범위가 넓어지고 있다. 많은 기업이 조직 운영과 사업 방식에서 전통적인 워터폴 방식에서 벗어나 애자일 방식으로 변화를 추구하는 분위기다.

워터폴 vs. 애자일

구분	워터폴	애자일
업무 특성	• 상세 업무 계획 수립 후 설계, 개발, 테스트 등을 순차적으로 진행 • 전체를 총괄하는 프로젝트를 위해 사전 매뉴얼을 작성	• 큰 틀의 업무 계획을 수립한 후 시장과 고객 반응을 확인하면서 프로젝트를 진행 • 각 작업을 작은 단위로 모듈화
팀 운영	특정 기능 단위 대규모 팀 구성	소규모 다기능 팀 구성
리더십	관리자 주도 통제	소규모 팀 단위 오너십 및 업무 진행

애자일 조직의 특징은 다음과 같다.

첫째, 행정 절차에 과도한 시간과 비용을 투입하지 않는다.

많은 기업은 3~5개년의 중장기 계획을 세우고 전략을 수립하는 것을 당연시한다. 그러나 업무를 시작하기 전 상세 업무 계획 수립, 설계, 개발 테스트 등 복잡한 행정 절차를 거치다보면 시장 변화에 기민하게 대응하지 못한다. 요즈음 시장 환경은 몇 개월만 지나도 유효하지 않다. 애자일의 전략은 불필요한 행정 절차를 제거해 변화를 즉시 포착하고 이를 실행하기 위한 가이드를 수립한 후 지속적으로 업데이트하는 것이다.

둘째, 고객과 긴밀하게 협업할 수 있는 권한을 조직과 구성원에게 위임한다.

애자일 조직은 모든 구성원에게 의사결정 권한을 부여해 업무 목표를 스스로 결정하고 책임지게 하는 자율적인 조직이다. 이를 위해서는 조직 내 의사결정 단계가 단순해져야 한다. 그래야만 정보의 흐름이 빨라진다. 경영진은 비전과 목표 전파, 전략적 우선순위 결정, 장애물 제거 등 문제 해결을 위한 적극적인 조력자는 될 수 있지만 직접적으로 개입하지는 않는다.

셋째, 민첩하면서도 효과적인 의사결정을 위해 소규모 다기능 조직을 구성한다.

특정 기능을 수행하는 대규모 조직이 아닌 자체 결정권을 가진 소규모 다기능 조직을 구성해 신속한 의사결정을 한다. 경영진은 모든 구성원에게 높은 수준의 정보 공유가 이뤄지게 하고 권한 내의 의사결정 및 이행 실패나 실수를 추궁하지 않는다.

넷째, 완벽한 결과물보다 어느 정도 만족스러운 수준의 결과물로 빠르게 대응한다.

완벽하지 않더라도 빠르게 결과물을 시장에 출시하고 고객에게 상품과 서비스를 제공해 이를 반복적으로 개선하면서 고객의 피드백을 반영하는 프로세스를 구축한다. 즉, 고객의 반응을 확인하면서 수정 보완해 빠르게 대응하는 조직이다. 경영진은 결과를 재무적 성과가 아닌 성장 가능성을 기반으로 평가해야 한다. 애자일 조직은 '고객 중심'과 '성장 마인드셋'을 추구한다.

패션산업을 선도하는 자라, H&M, 유니클로 등은 패션 유행의 주기가 짧아지면서 애자일 방식을 빠르게 도입했다. 시즌별 모든 제품을 대량 출시하지 않고 시장을 분석한 후 디자인의 생산 제품을 15% 이내로 줄였다. 나머지는 시장과 고객의 반응에 따라 바꿔가면서 제품을 출시했다. 이는 매출 증대 및 재고 감소로 이어졌다. 또한 글로벌 패스트패션 브랜드로 소비자에게 신선한 충격을 줬다.

결국 애자일 조직의 장점은 '민첩함'이라 할 수 있다. 제품을 빠르게 내놓고 시장 반응을 반영해 다시 민첩하게 고칠 수 있다는 것이다. 이러한 '민첩함'의 강점은 생산성 향상으로 이어졌다. 글로벌 컨설팅 기업인 맥킨지가 조사한 결과에 따르면, 애자일 기업은 전통적 기업에 비해 상품 출시 시간이 92% 더 짧고 생산성이 27% 더 높았다. 또한 비용을 40% 절감했으며, 인력도 30% 줄일 수 있었다. 애자일 기업의 70%는 기업 건강도 측면에서도 상위 25%에 속한 것으로 나타났다.

긱 워커를 꿈꾼다

코로나19 이후 중국이 부품 생산을 일시 중단 또는 축소하면서 국내 산업이 상당한 타격을 입었다. 글로벌 팬데믹을 겪으면서 어떤 상황에서도 생산이 중단되지 않는 체계를 갖추기 위한 로봇의 도입이 증가하고 있다. 비단 생산 분야뿐 아니라 서비스 분야에서도 로봇의 활용이 커지고 있는 추세다. 인공지능을 활용한 업무 환경도 가속화되고 있다. 단순 반복적인 업무의 일자리는 축소될 것이며 인간만이 할 수 있는 창의적인 일자리인 리스킬링(Re-skilling)이 필요해질 것이다.

개인들은 리스킬링을 위한 준비가 필요하고 학력·학위 위주가 아닌 스킬을 중심으로 개인의 역량을 증진시켜야 한다. 국내 기업은 풀타임 채용만을 고집하지 않고 필요한 기간, 필요한 스킬을 보유하고 있는 인원을 충원하는 수시 채용을 늘리고 있다. 개인 역량을 갖춘 긱 워커에게는 기회가 온 것이다.

'긱(gig)'이란, '일시적인 일'을 뜻한다. 1920년대 미국 재즈 공연장 주변에서 연주자를 섭외해 짧은 시간에 공연한 데서 비롯됐다. 이는 '하룻밤 계약으로 연주한다.'라는 뜻이 담겨 있다. 단기적으로 무대에 세우려 섭외한 연주자를 '긱'이라고 부른 데서 유래했다. 원래는 프리랜서, 1인 자영업자를 가리켰지만, 온디맨드 경제시대가 열리면서 그 의미가 확장됐다. 그후 정보 통신 기술의 발달로 스마트폰과 플랫폼이 결합하면서 긱 경제(Gig Economy)가 만개하고 있다.

긱 경제는 기업이 필요에 따라 사람을 임시로 계약을 맺고 일을 맡기는 형태로, 일하는 사람은 어디에도 소속되지 않고 일시적으로 일을 한다. 긱은 더 이상 우리에게 생소한 단어가 아니지만, 대다수의 사람이 이 단어를 알고 있지는 않다. 긱 경제는 우버, 타다와 같은 차량 공유(택시), 배달 대행 라이더 등과 같은 블루칼라와 프로그래밍, 디자인 등과 같은 화이트칼라, 프리랜서 시장 모두를 포함하는 폭넓은 노동 유형의 경제를 의미한다. 긱 경제는 새로운 개념이 아니라 언제나 존재했던 시장이다. 다만, 코로나19 이후 우리의 삶에서 차지하는 비중과 거래가 이뤄지는 환경이 확대돼 재주목받고 있는 것이다.

글로벌 10대 디지털 노동 플랫폼 기업

기업명	2017년 총매출 (백만 달러)	본사 위치	설립 연도	주요 사업
Uber	37,313	미국	2009	택시
Didi Chuxing	17,900	중국	2012	택시
Lyft	5,263	미국	2012	택시
GrabTaxi	2,320	싱가포르	2012	택시
Upwork	1,360	미국	1999	프리랜서
Go-Jek	995	인도네시아	2010	택시(오토바이)
Lia	921	인도	2010	택시
Ele.me	801	중국	2008	음식 배달
Gett	600	이스라엘	2010	택시
MBO Partners	525	미국	1986	전문가

출처: Staffing Industry Analysts, 2018

글로벌 10대 기업으로 본 디지털 노동 시장은 미국이 주도하고 있고 중국이 급속도로 부상하고 있다. 미국에서는 다양한 글로벌 기업이 긱 경제를 활용하고 있다. 대표적으로 아마존은 총알 배송 서비스인 '프라임 나우'에서 비용 절감을 위해 개인 차량을 소유한 일반인을 배송 요원으로 활용하는 '아마존 플렉스' 서비스를 진행 중이다. 근로자는 하루 12시간 중 원하는 시간에 원하는 시간만큼 자유롭게 일할 수 있다.

맥킨지는 긱을 아예 '디지털 장터에서 거래되는 기간제 근로'라고 정의했다. 한국은행은 2017년 국내 플랫폼 산업의 규모가 820억 달러로 전년보다 65% 성장했다고 밝혔다.

최근 발간된 맥킨지의 컨설팅 보고서에 따르면, 향후 10년간 자동화의 영향으로 남성의 21%, 여성의 20%가 일자리를 잃게 된다. 그렇게 일자리를 잃은 사람이 찾게 될 새로운 일자리는 다름 아닌 긱 경제에서 만들어질 가능성이 매우 높다. 아직까지는 전체 고용 시장에서 1%밖에 차지하고 있지 않지만, 2055년이 되면 60%의 노동이 '온디맨드(on-demand, 주문형) 일자리'가 될 것이라는 예측도 있다.

평균수명은 늘어나고 있지만, 은퇴 시기는 빨라지고 있는 상황에서 연륜과 경험이 풍부한 고스킬 은퇴 인력과 시간에 얽매이지 않고 자유롭게 일하고자 하는 젊은 개인은 긱 워커 플랫폼을 활용해 창의적인 일자리에 도전해보자.

그렇다면 프리랜서와 긱 워커는 이 중에서 어떤 플랫폼을 선택해야 할까?

플랫폼의 역할은 유사하지만 각자 해결하고자 하는 긱 워커 시장은 다르다. 각자의 영역에 가장 최적화된 기능과 브랜드 전략으로 차별화하고 있다. 긱 워커 또한 이런 플랫폼의 종류와 차별점을 잘 알고 자신의 상황에 맞게 적절히 사용하는 선택과 집중의 전략이 필요하다. 크몽은 플랫폼의

크몽 플랫폼의 성격을 구분하는 기준

서비스 영역	비즈니스 플랫폼	생활 플랫폼
노동 전문성	고숙련(전문직)	비숙련(아르바이트)
거래 방식	상품형(Service-as-a-Product)	의뢰형(Post-a-project)
가격	높음	낮음

성격을 구분하는 기준을 다음과 같은 세 가지로 분류하고 있다.

첫째, '서비스 영역'이다. 비즈니스 상황에 필요한 서비스나 일상생활 속에 필요한 서비스를 극명하게 분류할 수 있다. 비즈니스 플랫폼의 예로는 해외는 Upwork, Fiverr, 국내는 크몽, 라우드소싱 등이 있으며, 생활 서비스 플랫폼으로는 썸택(Thumbtack), 미소, 청소연구소, 아이디어스 등이 있다. 비즈니스 서비스 플랫폼은 비교적 명확한 목적 구매의 성격을 지니고 있고 평균 거래액도 높다. 생활 서비스는 사용 연령대가 비교적 광범위하고 일상생활과 밀접한 레슨, 청소, 간단한 집 수리 등의 서비스 성격이 강하다.

둘째, '노동 전문성'이다. 거래되는 서비스의 전문적 숙련도로도 나눌 수 있다. 디자인, IT 개발, 통·번역과 같은 비교적 전문화된 역량을 거래하는 경우에 일반적으로 이야기하는 '프리랜서 마켓'에 가깝다. 반면, 상대적으로 인력 풀이 넓고 요구되는 전문성의 수준이 낮은 영역에서의 매칭도 활발해지고 있다. 크몽에서는 2019년 단기 알바 매칭앱인 '쑨(SOON)'을 서브 브랜드로 내놓았다. 이런 플랫폼에서는 상대적으로 요구 전문성이 낮은 식당 서빙, 주방 보조, 단순 이사 지원 등의 단기 인력을 빠르고 효율적으로 매칭해주는 것에 집중한다. 기존 알바를 게시판에 게재하고 연결해주는 업체들보다 정확하고 빠른 구인 서비스를 자랑한다.

셋째, '거래 방식'이다. 프리랜서 노동력이 상품이라면 설계하는 방식에 따라 플랫폼 성격도 달라진다.

- 상품형: 무형의 서비스를 상품처럼 카드 형식으로 보여주고 사전에 서비스의 내용·가격을 일정 부분 고정해 놓음으로써 이커머스 사이트처럼 거래하도록 한다. 유형화가 쉽지 않은 수만 개의 서비스 성격을 유형화하는 플랫폼으로 구매자들이 프리랜서의 서비스를 비교하기 쉽게 보여준다.
- 의뢰형: 구매자가 상세한 본인의 요청사항을 작성하면 역경매 방식으로 전문가들이 본인이 제공할 수 있는 작업의 범위와 가격을 제시하는 것이다. 정확한 니즈를 표현할 수 있다는 측면에서는 강점이 있지만, 한편으로는 구매를 바로 할 수 없다는 번거로움이 있다.

크몽은 현재 상품형 판매 형식과 의뢰형 판매 형식을 함께 제공하고 있다.

03

홈 오피스와
홈 오피스템

코로나19 이후 국내 기업이 잇따라 재택근무를 도입하고 있다. 이런 근무 환경의 변화에 따라 주로 서재 개념이었던 홈은 거주 공간에서 좀 더 능률적으로 업무를 처리할 수 있는 공간으로 전환되고 있다. 일과 삶을 양립하는 홈 오피스로 확대된 것이다. 코로나19 이전에는 자신의 라이프스타일에 맞게 디바이스를 구매하고 이용하기만 하면 됐다. 하지만 코로나19 이후 재택근무의 확대에 따라 사용 빈도가 잦아지면서 업무하는 사람의 능률과 생산성을 올리기 위한 새로운 인테리어와 디바이스 구매를 요구하고 있다. 홈 오피스는 인테리어에서 잊지 말아야 할 것은 일을 하는 공적인 공간인 동시에 삶을 영위하는 사적인 공간이라는 점이다. 일과 생활을 조화롭게 하는 워라벨을 지키고 자신의 취향대로 꾸미는 것이 가장 중요하다.

홈 오피스

홈 오피스 인테리어 디자인에 대한 관심이 높아지면서 집안에 나만의 업무 공간을 꿈꾸지만, 현실은 방 한 구석의 책상과 의자가 업무 공간의 전부인 사람도 있다. 상황이나 크기에 관계없이 효율적이면서 개성 있는 나만의 업무 공간을 가질 수 있는 여섯 가지 팁을 소개한다.

공간을 분리하자

일정 근무 시간을 지키면서 가족과는 분리된 형태로 일하는 환경이 바람직하다. 출입구를 구분하는 것도 중요하다. 공간을 가벽으로 분리할 수도 있다. 이때에는 면적과 용도에 따라 가벽의 높낮이와 폭을 조절하는 것이 중요하다. 공간을 빠른 시간 내에 분리하려면 파티션을 설치하는 것이 좋다. 불투명한 가벽이나 파티션보다 유리나 루버 형식의 투명한 가벽이 답답해 보이지 않고 자연스럽다.

차분한 컬러로 집중력을 향상시키자

일에 집중하기 위해서는 차분하고 안정적인 컬러를 사용해야 한다. 기존 주거 환경의 컬러와 다른 컬러를 사용하면 공간이 자연스럽게 분리된다. 녹색과 노란색을 활용하면 집중력을 높일 수 있다. 녹색은 두뇌를 자극하고 창의성을 높이는 데 효과적이다. 태양의 빛을 닮은 노란색은 에너지를 극대화하면서 집중력을 높여주는 효과가 있다. 다만 이러한 색상을 과하게 사용하면 산만함을 더욱 가중시킬 수 있으므로 적절하게 사용하는 것이 좋다. 블랙 컬러를 이용하면 별다른 인테리어 없이 모던하고 세련된 분위기를 지닌 오피스 느낌을 줄 수 있다.

좋은 조명을 설치하자

신문을 읽거나 사물을 식별하기에 충분한 간접 조명을 설치하는 것이 좋다. 천장등처럼 머리 위에 조명이 있는 것이 가장 좋다. 여기서 간접 조명이란, 가시 범위 밖에 있는 조명을 의미한다. 조명은 모니터에 반사되지 않는 위치에 둬야 한다. 책상 옆이나 뒤에 창문이 있으면 모니터가 햇빛을 강하게 반사할 수도 있다. 자연 조명이 가장 좋지만, 반사가 일어나거나 눈이 부시지 않도록 차양이나 커튼을 사용하는 것이 좋다.

업무 공간에 필요한 밝기는 작업의 종류에 따라 다른데, 장시간 일을 처리하는 사무 공간은 조명의 디자인도 중요하지만, 조도에 신경 써야 한다. 업무에 알맞은 조도는 평균 600~800lux이다. 어떤 표면에서 반사된 빛이 눈에 얼마나 들어오는지와 관련된 양인 휘도가 3:1임을 감안하면 서재 전반의 조도는 200~300lux를 유지하는 것이 좋다. 서재의 조명에 사용하는 전구는 LED가 좋고 눈의 건강을 위해 테이블 램프와 함께 전체 조명을 켜둬야 한다. 밤에 천장의 전체 조명을 스탠드와 함께 켜서 밝기의 편차를 줄여야 눈의 피로와 시력 저하를 막을 수 있다. 업무 집중력을 강화하려면 푸른빛이 도는 것을 선택하는 것이 좋다. 파란색은 뇌를 안정시키는 호르몬을 분비해 긴장과 불안감을 낮춰주고 집중력을 높여준다.

백색소음을 활용하자

백색소음이란, 불규칙한 주파수 스펙트럼을 가진 일반 소음과 달리, 전체적으로 균등하고 일정한 주파수와 스펙트럼을 가진 소음을 말한다. '흰색 빛'과 같은 주파수 형태를 지니고 있다. 집중력이 떨어질 때 사람의 마음을 편안하게 해주는 효과가 있다. 또한 부스럭대는 소리나 창 밖의 자동차 소리 등 미약한 소음을 덮어줘 상대적으로 소음을 덜 느끼게 해준다. 예를 들어 나무가 불에 타는 소리, 조용한 해변에 불어오는 부드러운 바람 소리, 파도 소리, 창문에 떨어지는 빗방울소리, 새소리, 카페에서 사람이 웅성거리는 소리 등이 있다. 우리의 뇌는 백색소음을 들으면 집중력을 높여주는 '알파파'라는 뇌파가 증가한다. 알파파의 증가는 집중력이 향상되고 숙면, 심신 안정에도 긍정적인 도움을 준다.

공기를 정화시켜주고 외로움을 덜어주는 반려식물을 키우자

반려식물은 피로감을 감소시키는 그린으로 편안함을 주면서도 한숨은 그대로 받아주어 외로움을 감소시켜주는 최고의 직장동료다. 또한 가습기나 공기청정기를 사용하지 않아도, 공기를 정화하고 산소와 습기를 자동으로 공급해주는 능력을 지니고 있기 때문에 일의 집중에 도움을 준다. 초보자도 키우기 어렵지 않은 다육식물을 추천한다. 다육식물을 이용한 데코는 일단 무게가 가볍고 뿌리가 깊지 않아 인테리어 아이템으로 많이 사용된다. 낮에 빛을 많이 받을수록 밤에 산소가 많이 배출되므로 낮에는 햇빛이

드는 창가에 두는 것이 좋다.

홈카페에서 여유를 즐기자(커피, 차, 향초)

출근길, 점심식사 시간, 나른한 오후 사무실에서 즐기던 커피나 차 한 잔을 카페나 탕비실 대신 집에서 즐기는 환경을 만들면 일의 능률을 높일 수 있다. 커피 테이블과 안락한 의자는 공기나 햇빛이 통하는 창가 쪽에 배치하고 테이블 한쪽에는 마음의 안정을 주는 향초를 놓는다. 복잡한 향보다 단순한 향이 좋다. 세이지향은 정신을 맑게 해주고 편안함을 극대화시켜주며, 유칼립투스향은 집중력을 높여주고 우울하고 무거운 기분을 상쾌하게 하는 데 효과적이다. 민트향은 머리를 맑게 해주고 공기 청정과 살균에 도움을 준다. 라벤더향은 심신 안정과 숙면에 도움을 주고 베르가모트향은 공기 정화 기능을 지니고 있어 스트레스 및 불면증을 해소해준다.

홈 오피스템

온라인 쇼핑 업체 G마켓이 조사한 결과에 따르면, 코로나19 확산 이후(2020년 3월 20일~4월 19일 기준) 지난 동기 대비 컴퓨터 책상 판매량은 31%, 게이밍 의자는 206%, 그리고 원격회의에 필요한 PC 카메라, 마이크 판매량도 각각 303%, 444% 증가했다. 쾌적하고 효율적인 업무 환경을 조성해주는 홈 오피스템은 이밖에도 많다. 홈 오피스를 똑똑하게 활용하고 작업 효율을 높여줄 수 있는 홈 오피스템 일곱 가지를 소개한다.

몸에 맞는 책상과 의자

하루 최소 8시간 이상 일을 처리하는 업무 공간의 특성상 책상과 의자의 선택은 매우 중요하다. 정해진 시간 동안 얼마나 효율적으로 일을 집중해 처리하느냐는 일을 수행하는 책상 주변이 어떻게 디자인되고 적절한 높이인지에 따라 달라진다. 산업 기준에 따르면, 바닥에서 책상 표면까지의 적절한 높이는 74cm 정도다. 키가 큰 사람은 더 높은 책상, 키가 작은 사람은 더 낮은 책상이 적합하다. 발판으로 높이를 조절할 수 있는 책상과 테이블도 많다. 공간이 여의치 않다면 접이식 책상이나 일체형 올인원 제품을 선택해 공간을 효율적으로 사용하는 것이 좋다.

높이를 조절할 수 있고 바퀴가 달려 있고 등 아래를 받쳐주는 의자를 구입한다. 이와 더불어 경사와 팔 받침대의 높이나 경사를 조절하는 기능이 있다면 더 좋다. 의자는 몸을 지탱해주는 가구이기 때문에 책상과 달리 편하고 인체공학적으로 설계된 제품을 찾아야 한다. 어느 정도 쿠션 감각이 있고 팔걸이가 있으며 자신의 앉은키에 맞게 높낮이를 조절할 수 있는 의자를 선택한다. 즉, 장시간 앉아 있어도 불편함이 없어야 한다. 자신과 맞지 않는 책상이나 의자를 사용하면 허리 디스크와 같은 질병에 걸리기 쉽기 때문에 의자나 책상의 경우 다른 제품에 비해 좋은 것을 선택해야 건강과 일의 능률면에서 좋다.

서류 보관을 위한 수납장

사무실에는 서류와 책이 많으므로 책장을 구매할 때는 크기를 신중하게 고려해야 한다. 사무 용품과 전선을 수납하는 기능이 포함돼 있는 책장이 좋다. 주문 제작을 할 경우, 지니고 있는 책이나 서류 등의 양을 미리 확인하고 비율을 정한 다음에 제작해야 한다. 작은 사이즈의 책이 큰 책장에 들어가면 공간이 낭비되므로 신경 쓰는 것이 좋다. 일에 집중하려면 깔끔한 정리가 필수인데, 정리되지 않은 서류와 전선이 있으면 업무에 방해가 되기 때문이다. 책상에 수납 공간이 있다면 서류를 넣어 정리한다. 책꽂이를 책상 위나 수납장에 넣어 놓고 사용하면 정리정돈하기 쉽다. 중요한 서류는 캐비닛이나 상자 형태로 된 곳에 보이지 않게 정리하거나 자물쇠를 사용해 보관하는 것이 좋다. 책장이나 수납장으로 물품 보관과 공간 분리를 동시에 할 수 있어 다양한 업무 형태에 맞는 공간 연출도 가능하다.

랩톱, 휴대폰, 충전기, 어댑터

스마트워크에 꼭 챙겨야 할 기본 중의 기본은 '랩톱'과 '휴대폰'이다. 랩톱이란, 무릎 위에 올려놓고 사용할 수 있을 정도로 가볍고 작은 휴대용 컴퓨터를 말한다. 휴대하기 간편하고 비행기나 기차 등 전원이 없는 곳에서도 사용할 수 있다. 전원을 제공할 수 있는 충전기와 어댑터가 있으면 집에서도 일할 수 있고 차에서도 일할 수 있다. 플러그를 꽂을 수만 있으면 건물 복도, 카페, 도서관, 내 방, 스마트오피스 등 어디서나 업무를 할 수 있다. 모바일 핫스팟이나 와이파이 기능이 있다면 더욱 좋다. 네트워크 연결이 불가능한 곳이라면 사전에 필요한 파일을 다운로드해 사용한다.

화상회의 등 넓은 대역폭이 필요한 작업을 많이 해야 하는 경우라면, 와이파이보다 유선 인터넷을 활용하는 게 안정적이다. 따라서 인터넷 어댑터가 빠진 초경량 노트북은 부적절할 수 있다. 작업의 성질이나 환경에 따라 이동성이 중요하다면 가벼운 장비가 좋다.

PC 카메라 웹캠

재택근무를 한다고 해서 화상회의가 반드시 필요하지는 않다. 그렇지만 관리자나 업무 성격에 따라 주기적인 '대면'이 필요한 상황도 있을 수 있다. 동료끼리는 아니더라도 클라이언트가 얼굴을 보고 회의를 하고 싶어 하는 경우도 있다. 이런 경우 랩톱 등에 PC 카메라가 내장돼 있는 것만으로도 충분한지, 아니면 외부 장비가 필요한지도 미리 판단해야 한다.

웹캠을 선택할 때 가장 중요한 사항은 해상도다. 방송이나 화상회의가 목적이라면 해상도, 아니라면 가격을 고려하면 된다. 출시되고 있는 웹캠의 해상도는 FHD(1,920×1,080), 4K(3,840×2,160) 둘 중 하나이며, 4K 해상도가 FHD 대비 4배 더 높다. 그대신 가격도 고가이기 때문에 고해상도가 필요한 게 아니라면 FHD를 선택한다. HD(1,280×720)나 SD(720×480) 해상도 웹캠은 구형 제품일 가능성이 크고 다른 사람이 볼 때 화면이 또렷하게 나오지 않으므로 가능한 한 피하는 게 좋다.

이어폰, 이어마이크로폰

화상회의를 PC나 모바일로 하는 경우, 이어폰이나 이어마이크폰을 이용해 에코나 하울링을 차단한다. 네트워크 환경이 불안정하면 소리가 끊길 수 있으며, 무선 네트워크보다 유선 네트워크가 더 안정적이다. 보유하고 있는 여러 장비와 호환되는지도 확인해야 한다. 뛰어난 음질이 요구되는 특별한 상황이 아니라면 고가의 제품을 선택할 필요는 없다.

비밀번호 외의 보안 장치

아무리 모바일 시대라고는 하지만, 모바일 환경에서 회사의 중요한 기밀을 이용해 작업하는 게 마음 편한 것만은 아니다. 원격으로 중요한 데이터에 접근하려면 다음과 같은 장치가 필요하다. 대부분 기업 차원에서 지원해야 한다.

- 기업용 VPN: 다중 인증 기능을 갖춘 제품이 좋다. VPN은 'Virtual Private Network'의 약자로, 우리말로는 '가상 사설망'이라 부른다. 보안성을 높이거나 IP를 우회할 때 사용한다.
- 비밀 와이파이: 카페, 호텔, 공항 등과 같은 공공장소에서 제공하는 와이파이보다 회사 전용 모바일 네트워크를 이용하는 것이 안전하다.
- 강력한 비밀번호: 원격에서 회사 네트워크에 접속하는 데 필요한 비밀번호를 평소보다 길고 어렵게 설정하도록 직원들을 독려하는 것이 좋다.

인터넷 속도

재택근무자가 한 집에 여러 명이 될 수도 있다. 당신, 배우자, 심지어 학교에 못 가게 된 아이들까지 합하면 갑자기 인터넷 트래픽에 '러시아워'가 발생한다. 인터넷 속도는 최소한 50Mbs 이상이어야 한다. 인터넷을 사용하는 사람이 많을수록 속도가 빠른 인터넷 서비스를 사용하는 것이 좋다. 좋은 와이파이 서비스를 사용하고 있다면, 대역폭에서 큰 문제가 생기지 않겠지만, 그렇지 않다면 러시아워가 많은 장애를 일으킬 수 있다. 이 역시 사전에 검토해 미리미리 필요한 대역폭으로 맞춰둬야 필요할 때 곤란한 상황이 발생하지 않을 수 있다. 유선 연결은 최소 100Mbps(몇 년 전부터 1Gbps가 대부분), 무선 연결은 802.11n 이상(802.11ac를 권장)을 지원하는 기기를 갖춰야 한다. 공간의 상태나 업무 필요에 따라 증폭기나 공유기를 추가로 설치해야 할 수도 있다.

04

화상회의·화상면접
스킬

코로나19 이후 많은 기업이 재택근무를 실시하고 있다. 팀 구성원을 한 자리에 모을 수 없다면 화상회의를 해야 한다. 재택근무 또는 원격근무 시 가장 큰 걸림돌은 커뮤니케이션의 한계지만, 화상회의는 실제 회의와 똑같지는 않더라도 최대한 비슷한 효과를 낼 수 있다.

화상회의는 전통적인 면대면(face to face) 방식과 달리, 시간과 장소에 구애받지 않고 컴퓨터나 스마트폰만 있으면 얼굴을 마주 보며 서로의 아이디어를 공유한다. 회의하기 위해 대중교통을 이용해야 할 필요도 없고 회의 자료나 보고서를 출력하지 않아도 된다.

화상회의가 가까운 미래에 실시간 대화 및 조직 내 양방향 소통을 위한 방법으로 자리잡게 됐으므로 여러분도 익숙해져야 한다. 화상회의를 직접 주최하거나 참석할 때, 효율성을 극대화하기 위한 비대면 화상회의를 성공으로 이끄는 7-7 스킬을 소개한다.

환경 구축하기

• 적당한 사양의 노트북이나 컴퓨터 준비하기

• 캠 카메라 준비하기

• 마이크 준비하기(마이크 기능이 포함된 이어폰 또는 헤드폰 연결)

• 인터넷 연결 확인하기

마이크 확인하기

• 마이크 설정하기(마이크와 웹캠 작동 테스트)

• 회의가 시작되면 마이크 버튼 위에 손가락 올리기

• 말하지 않을 때는 음소거하고 말할 때만 해제하기

공간 확보하기

• 다른 참가자가 잘 볼 수 있도록 밝은 공간 선택하기

• 햇빛이 밝은 경우에는 커튼을 치고 실내등을 켜 빛 반사 줄이기

• 회의를 방해할 만한 요소가 없는지 점검하기

• 다른 사람이 보기에 편안한 위치로 카메라 앵글 조정하기

회의의 목적 및 초점을 유지하도록 의제 설정하기

• 회의 목표를 분명하게 설정하기

• 회의 안건 중 우선순위 설정하기

참석 인원과 진행자 설정하기

- 토론할 수 있는 범위 내에서 참석 인원 정하기
- 회의 진행자 정하기

회의 자료 미리 배부하기

- 회의 도중 자료를 배부하는 행위 피하기
- 회의 구성원에게 미리 자료를 배포해 시작 전에 읽어볼 시간 주기
- 회의 자료마다 번호를 붙여 회의 중에 참조할 수 있도록 하기

회의 시작 시간 ≠ 회의 접속 시간

- 회의 시작 5분 전까지 접속해 준비 상태 확인하기
- 오프라인 미팅과 마찬가지로 서로의 시간이 소중하다는 점을 인식하고 배려하기

화상회의 후

시작 시간 엄수하기

- 참석자 모두의 시간은 금이다.

팀 구성원과 적극적으로 교류하기

- 카메라를 자주 쳐다보면서 참가자들과 '아이컨택'하기
- 답변이 없거나 발언 기회를 못 얻는 참석자가 있을 때 적절하게 개입하기
- 회의 진행 중 참석자 모두 회의에 잘 참석하고 있는지 확인하기

- 멀리 있는 멤버부터 발언 기회 주기

관심을 갖는 동시에 관심 유도하기
- 참가자의 이름을 부르거나 질문을 던져 참가자들이 경청하고 있는지 확인하기
- 항상 카메라 정면으로 바라보기
- 고개를 끄덕여 동의하는 의사 표시를 하고 필요한 경우 적극적으로 질문하기

인간미 보여주기
- 회의 시작 전 친근하게 인사하는 시간 갖기
- 참석자들과 카메라를 켜고 소통하기
- 사람의 반응 상상해보기
- 따뜻하고 매력적인 미소를 짓고 친근하고 호소력 있는 목소리로 말하기
- 참석자에게 말을 걸 때는 가능한 한 이름 부르기
- 참석자가 토론에 참여하도록 유도하기

피드백이 늦어지는 상황에 익숙해지기
- 끝날 때까지 피드백이 없을 경우 당황하지 말고 집중하기
- 지금도 자신이 잘하고 있을 것이라 믿고 마인드컨트롤하기

양방향으로 소통하기
- 시각 보조 기능, 화면 공유 및 기타 협업 도구를 사용해 참여 확대하기
- 채팅 기능을 이용해 토론에 참여시키기

- 참여를 이끌어내기 위해 회의나 수업 시작 전 온라인 플랫폼의 투표 기능 이용하기
- 소규모 회의실 기능을 이용해 별도의 회의실로 보내 내부 토론을 진행한 후 다시 전체 그룹 회의에서 결과를 발표하는 등 그룹 대화 유도하기

회의 종료 시간을 맞추기 위해 토론을 질질 끌지 말기
- 예상 회의 시간보다 단축된 시간에 회의 목적을 달성하면 바로 회의 종료하기
- 예상 회의 시간이 지나도록 회의 결과가 도출되지 않더라도 바로 회의 종료하기

채용 시장에서의 언택트 트렌드는 동영상면접, 즉 화상면접이다. 더 이상 미룰 수 없는 면접일정 때문에 일반 사기업뿐 아니라 공기업에서도 이 방식을 도입하고 있다.

비대면 면접에 대한 인식이 점차 개선되면서 채용을 화상면접으로 진행하는 기업이 늘어나고 있다. 간편하게 내가 원하는 기업에 지원할 수 있으므로 취업 과정에서 발생하는 기회비용을 최소화할 수 있다는 장점이 있다.

일반 대면면접과 화상을 통한 면접의 공통점은 지원자를 평가하는 방식이다. 즉, 화상면접이라고 해서 다른 평가 방법을 사용하지는 않는다. 비대면 화상면접을 성공으로 이끄는 7-7 스킬을 소개한다.

화상면접 전

일정 및 안내문 확인하기
- 지원 기업의 화상면접 전형 일정 및 안내문 확인하기

인터넷 환경 확인하기
- 화상면접 프로그램 다운로드하기
- 기업 화상면접 환경 체크하기
- 준비물, 화상면접 접속 관련 테스트 방법 확인하기
- 카메라 화상도, 마이크 작동 및 음향, 소음, 통신 오류 등을 사전에 체크하기

화상면접 장소 선택하기
- 지원자와 면접관 모두 시선이 분산되지 않고 면접에 집중할 수 있는 장소 선택하기
- 너무 편한 장소 피하기
- 배경을 밝은 이미지로 연출하기
- 면접에 방해가 되는 요인을 정리정돈하기
- 화상면접 환경에 익숙해지기

조명 선택하기
- 조명이 어둡거나 깜박거린다면 면접 집중도가 떨어짐
- 형광등보다 스탠드 조명 추천(얼굴에 그림자가 지지 않고 밝은 인상을 줌)
- 뒷배경 깔끔하게 치우기

드레스 코드 맞추기

- 단정한 블랙이나 네이비 정장 추천
- 재킷 내의로는 흰색이나 아이보리색 상의 추천
- 목이 짧은 편이라면 스퀘어 네크라인 블라우스 추천
- 그 외 단정한 일반 카라 형태의 흰 셔츠나 블라우스
- 너무 밝거나 화려한 패턴 피하기
- 화면의 배경과 같거나 비슷한 색상 피하기

메이크업하기

- 여성의 경우 눈을 또렷하게 강조
- 입술은 약간 밝은 톤 추천(누드 계열은 생기가 없어 보일 수 있음)

방문을 잠그고 면접에 집중하기

- 화상면접 중 불청객 피하기(애완동물, 가족의 등장)
- 가족에게 화상면접을 사전 공지해 도움 청하기

화상면접 후

10분 전에 로그인하기

시선 처리

- 면접관이 아닌 카메라 응시하기(카메라가 아니라 모니터에 비치는 면접관의 눈을 바라보고 말하면 면접관의 시각에서 마치 뭔가를 보고 읽는 것으로 보임)

- 자신의 얼굴 화면을 보지 말고 카메라 응시하며 답변하기(면접관에게 내가 집중하고 있는 모습을 어필하는 방법)

자세

- 의자에 허리를 대고 구부정하지 않은 자세 유지
- 턱을 약간 당기고 카메라를 정면으로 응시

목소리

- 목소리 톤 일정하게 유지하기
- 말끝을 흐리지 말고 천천히, 분명하게 말하기

답변

- 장황하게 답변하지 않기
- 이력서는 가까운 곳에 두고 시나리오 작성하기
- 결론부터 이야기하고 부연 설명하기
- 면접관이 이야기할 때는 충분히 기다리고 중간에 말을 자르지 않기
- 면접관의 질문이나 말이 끝나고 2~3초 정도 후에 여유 있게 답변하기
- 이야기하지 않을 때는 소리 제거 기능 활용하기
- 많은 제스처를 사용하기보다는 밝은 표정으로 정확하게 말하기

서버 접속 로딩이나 다운 시

- 면접 기업에서 보낸 사전 테스트를 이용해 PC 환경 체크하기
- 사전에 프로그램 사용법 알아두기

언택트 시대 생존 방법

면접 종료 시 마무리

- 마지막으로 자신이 강조하고 싶은 말을 요약해 전달하기
- 면접관에게 감사 인사하기
- 마지막까지 긴장하기

잡코리아에 따르면, 구직자의 30% 정도가 동영상 이력서를 활용해 취업을 준비하고 있다고 답했다. 실제 면접에 앞서 스스로 동영상 이력서를 만들어보는 것도 좋은 방법이다.

화상면접 스터디를 할 때는 사용할 화상통화 프로그램으로 연습해보는 것이 좋다. 대부분 40분 정도는 무료로 사용할 수 있으므로 화상면접에 금방 익숙해질 수 있다. 실전과 같이 화상면접 프로그램에 접속한 후 노트북 앞에 앉아 자기소개를 하는 모의면접을 많이 연습해보는 것이 좋다.

05

협업 툴

코로나19로 재택근무가 장기화되면서 비대면 협업에 대한 관심이 커지고 있다. 기업의 특성과 목적에 적합한 효과적인 협업 툴을 활용하면 불필요한 커뮤니케이션을 감소시켜 생산성을 극대화할 수 있다. 국내에서의 내부 구성원 간 협업 툴은 '슬랙'과 같은 메신저형 중심으로 이뤄지고 있다. 실리콘밸리에서는 '노션', '슬라이트'와 같은 원페이지 협업 툴과 '클릭업'과 같은 올인원 협업 툴이 인기를 끌고 있다. 이러한 협업 툴을 이용하면 이메일이나 채팅의 비효율을 줄이면서 업무 내용과 흐름을 직관적으로 파악할 수 있다. 협업 툴을 이용해 기업의 생산성을 높이는 방안을 고민해 보자.

경기도 판교에 자리한 NHN은 클라우드 협업 플랫폼 '토스트 워크플레이스 두레이'로 스마트 오피스 기술의 확산에 노력하고 있다. 최근에는 한글과컴퓨터와 업무 협약을 맺고 토스트 워크플레이스 두레이에 한컴의 웹 오피스인 '한컴오피스 웹'을 탑재하기도 했다. 이로써 온라인 문서 협업이 가능해졌다.

자회사 웍스모바일의 라인웍스와 NBP(NAVER Business Platform)의 워크플레이스를 업무 보고 및 공유, 화상회의 등의 도구로 사용하고 있다. 메일, 메신저, 캘린더 공유, 파일 공유 등과 같은 업무에 필요한 모든 기능이 통합된 협업 도구를 이용해 장소에 구애받지 않고 모바일로 업무를 볼 수 있고 정보 교류도 할 수 있다.

출처: https://dooray.com

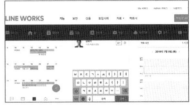
출처: https://line.worksmobile.com

NHN은 이러한 협업 플랫폼으로 스마트워크 환경이 구현됨에 따라 매주 수요일에는 원하는 공간에서 일할 수 있는 '수요 오피스'를 시범 도입했다. 그렇다면 '최근 들어 주목받고 있는 협업 툴의 특징은 무엇일까?', '기업은 어떤 점을 고려해 협업 툴을 골라야 할까?'

글로벌 협업 툴의 장단점을 살펴보면 개별 기업의 특성과 목적에 맞는 협업 방식이 무엇인지 알 수 있다.

화상회의 협업 툴

슬랙, 슬랙콜

파일 공유 및 관리, 1대1 메시지, 채팅 그룹핑, 검색 기능 등과 같은 효율적인 커뮤니케이션에 최적화된 기능을 제공해 이메일 피드백의 부담을 줄임으로써 단숨에 메신저 시장의 리더로 자리매김했다. 빠른 커뮤니케이션과 의사결정이 필요한 회사에서 선호하는 서비스다.

화상회의 툴도 슬랙(slack)에 내장돼 있다. 화상회의를 진행하고자 하는 멤버가 있는 채널에서 상단에 있는 [전화기] 버튼을 누르면 최대 15명이 화상회의를 진행할 수 있다. 비디오 공유뿐 아니라 펜 기능이 내장된 간단한 화면 공유 기능도 활용할 수 있다. 펜 기능이 고도화돼 있진 않지만, 간단한 표시는 할 수 있다. 슬랙콜(slack call)을 이용하면 간단한 이모티콘 리액션, 채팅도 가능하다.

장점
- 기존에 사용하던 다양한 서비스의 알림을 하나로 통합함.
- 별도의 채널 및 그룹 생성 기능으로 커뮤니케이션을 체계화했음.

언택트 시대 생존 방법

- 알림 제어 기능이 세분화돼 있어 중요한 업무의 알림을 구분할 수 있음.
- 지정 시간 동안만 알림을 받을 수 있고 담당자 호출이 가능함.

단점

- 수시로 울리는 메신저를 확인하다 보면 몰입도와 집중력이 떨어짐.
- 메시지 저장 기간의 제한, 화상회의 기능인 슬랙 콜은 유료 사용자에게만 제공함.
- 원격 업무 전반을 아우르지 못하고 영어를 기반으로 하고 있음.
- 데이터센터가 외국에 있어 한국에서는 느리고 CS가 잘 지원되지 않음.
- '퍼블릭 채널', '개인 채널' 등 일반 메신저와는 다른 개념이 있어 초기 교육이 필요함.

슬랙 또는 슬랙콜은 다음과 같은 경우에 추천한다.

- 업무 진행 시 실시간으로 의견을 교환하고 결정하는 빈도가 높은 경우
- 다양한 프로젝트가 진행되고 파일 공유가 잦은 경우
- 이메일을 이용한 내부 커뮤니케이션이 많은 경우
- 기존 사내 메신저로 슬랙을 사용하는 경우
- 직관성이 높고 사용 방법이 쉬운 화상회의를 하고 싶은 경우
- 15명 이하의 소규모 회의를 하는 경우
- 간단한 스크린 셰어 기능이 필요한 경우

줌

온라인 강의, 웨비나(웹 세미나)를 할 때 자주 활용되는 화상회의 툴이다. 채팅 기능도 있으며 클라우드 전화 시스템으로도 활용도가 높다. 고품질 오디오를 갖추고 있으며, 크롬과 호환되고 문서 파일 공유, 화이트보드, 스케줄링 등 협업에 도움이 되는 기능도 보유하고 있다.

장점

- 캘린더 통합, 소셜 미디어 통합, 회의 및 이벤트 기록, 라이브 채팅, 참가자 역할 및 권한 설정, 파일 공유, 모바일 화면 공유 등과 같은 기능을 활용하면 대면회의보다 효율성이 높음.
- 고품질의 오디오와 영상을 이용해 회의 진행 시 최대 1만 명까지 수용할 수 있음.
- 줌 웹사이트에서 바로 시스템을 설치할 수 있음.
- 가상 배경을 합성할 수 있음.
- 회의 내용은 클라우드에 기록되며, 사용률 대시보드 기능을 이용하면 회의 내역을 관리할 수 있음.
- 회의 주최자가 프로그램을 통해 URL을 생성하면, 참여자는 회원 가입이나 별도의 설치 없이 참여할 수 있음.

단점

- 무료 사용자의 경우 100명까지 이용할 수 있고 40분의 제한이 있다.
- 해커가 URL이나 코드 정보를 찾아낸 후 원격수업, 화상회의에 참여해 음란물을 퍼트리거나 이용자의 데이터를 무단으로 배포할 수 있음.

줌은 다음과 같은 경우에 추천한다.

- 영업이나 외근 직원이 많아 한 공간에 모이기 어려운 경우
- 여러 지역과 국가에 사무실이 분산돼 있는 경우
- 많은 인원이 회의에 참여하는 경우
- 다양한 기기에서 회의를 진행하고자 하는 경우
- 고도의 화면 공유 기능이 필요한 경우
- 회의를 녹화하고 싶은 경우
- 별도의 설치 없이 웹에서 영상 회의를 하려는 경우
- 배경을 전부 가리고 싶은 경우

행아웃, 행아웃 미트

구글에서 제공하는 화상회의 툴이다. 행아웃(Hangout)은 개인의 구글 계정으로 사용할 수 있고 행아웃 미트(Hangout meet)는 회사 계정(G Suite)인 경우에 제공된다. 행아웃은 최대 25명이 참여할 수 있고 행아웃 미트는 G Suite의 구독 요금제에 따라 100~250명이 참여할 수 있다.

장점

- '구글'을 활용할 수 있음.
- '구글 캘린더'에서 회의 일정을 등록하면, 화상회의가 연동됨.
- 링크만 있으면 어느 기기에서든 참여할 수 있음.
- 회의에서 사용하는 언어가 모국어가 아닌 사람, 청각 장애인, 시끄러운 장소에 있는 사용자는 실시간 자막을 이용해 내용을 쉽게 파악할 수 있음.

단점

- 펜이나 포인터 기능이 없기 때문에 단순 화면만 공유할 수 있음.

행아웃 또는 행아웃 미트는 다음과 같은 경우에 추천한다.

- G Suite를 구독하는 경우
- 화상회의를 대규모로 진행해야 하는 경우
- 구글 캘린더와의 연동을 이용해 회의를 진행하고 싶은 경우
- 별도의 설치 없이 웹으로 회의를 진행하고 싶은 경우
- 단순한 수준의 화면 공유 기능만 필요한 경우
- 다양한 기기에서 회의를 진행하고자 하는 경우

리모트미팅

국내에서 개발된 웹 기반 유료 화상회의 툴이다. 회의록, 문서 공유, 화면 공유, 채팅, 녹화 기능을 제공한다. 사용자 PC의 동적인 작업 내용을 다른 참석자에게 실시간으로 보여주면서 회의를 할 수 있다. 참석자와 함께 토의하면서 콘텐츠를 작성하거나, 개발한 애플리케이션을 동작시키면서 프레젠테이션할 수 있다. 발언권 부여 기능을 이용하면 회의 참석자의 발언권을 부여하거나 제한할 수 있다.

장점

- 로그인 없이 링크를 이용해 회의 참여할 수 있음.
- 회의를 진행하면서 회의록을 기록하는 등 영상회의를 체계적으로 진행할 수 있음.
- 음성 인식 기반 인공지능 대화록 기능을 이용하면 화자의 음성을 텍스트로 자동 변환할 수 있음.

단점

- 회의 참석 가능 인원이 최대 30명으로 대규모 회의로는 적합하지 않음.
- 줌보다 화면 공유 기능이 부족함.
- 다른 비즈니스 기능이 부족함.

리모트미팅은 다음과 같은 경우에 추천한다.

- 별도의 프로그램 설치 없이 웹 기반으로 회의를 진행하고자 하는 경우
- 다양한 기능이 있는 영상회의 툴을 찾는 경우
- 문서 공유, 화면 공유와 주석 기능이 필요한 경우
- 회의를 녹화하고 회의록을 꼼꼼하게 작성하고 싶은 경우

마이크로소프트 팀즈

마이크로소프트 메신저 서비스인 팀즈(Teams)는 줌(ZOOM), 구글 G-suite와 달리, 메신저에만 그치지 않고 화상회의는 물론 이메일(Outlook), 할 일 관리(To Do), 프로젝트 관리(Planner), 실시간 동시 편집 문서(One Note)와 같은 모든 협업 도구가 통합돼 있다.

장점

- 오피스365와 연계할 수 있고 오피스365 문서와 동기화하기 쉬워 협업하기 쉬움.
- 오피스365에 인공지능과 같은 트렌드를 반영한 서비스가 추가되고 있어 확장성이 큼.
- 문서 중심의 작업을 기반으로 흐름을 파악하기 좋음.

단점

- 오피스365는 무료 버전이 없고 1개월 무료 트라이얼만 존재해 상대적으로 고가임.
- 다양한 서비스로 내부 자료와 맥락이 분산돼 통합되지 못함.
- 서비스 기능이 다소 복잡해 이해하기 어려움.
- 데이터센터가 외국에 있어 한국에서는 느리고 CS가 잘 지원되지 않음.

마이크로소프트 팀즈는 다음과 같은 경우에 추천한다.
- 외근 및 현장 인력을 위한 별도 서비스가 필요한 경우
- 서비스의 다양성과 가격 정책으로 업무와 부서가 많이 존재하고 스마트워크 인프라에 대한 예산이 충분한 기업(중견 기업 이상)

잔디

팀, 프로젝트 등과 같은 주제별 대화방을 만들고 대화방에서 화상을 띄워 구성원과 소통할 수 있다. 개인용 메신저로 일할 때 여러 주제가 하나의 단체 대화방에서 이뤄지다 보니 업무 혼선을 일으킬 수 있다. 잔디(JANDI) 업무용 메신저는 주제별 대화방에서 집중된 대화가 오갈 수 있어 편리하다. 화상회의 시 화면 공유를 이용하면 문서를 함께 보면서 실시간으로 피드백할 수 있다.

장점

- 팀별, 지점별 또는 주제별 대화방을 제공함.
- 파일은 유효 기간 없이 언제, 어디서나 다시 확인할 수 있음.
- 멤버별 권한 설정, 강퇴 등 팀 관리에 필요한 기능을 이용해 협업 환경을 구축할 수 있음.
- 구글 캘린더, Trello, JIRA, RRS 구독 등 다양한 서비스와 연동할 수 있음.
- 다양한 언어를 사용할 수 있음.
- 연령대에 상관없이 누구나 쉽게 사용할 수 있음.

단점

- 메신저 형태로 대화가 흘러가 버리기 때문에 원하는 주제의 내용을 찾기 어려움.
- 외부인과는 다른 채널로 소통해야 함.

잔디는 다음과 같은 경우에 추천한다.

- 회사와 개인의 프라이버시를 분리하고 싶은 경우
- 사내 커뮤니케이션에 어려움을 겪고 있거나 협업 시스템을 재정비하는 스타트업 기업
- 업무 자료 관리에 어려움을 겪는 경우

네이버 라인웍스

기업용 메신저, 메일, 캘린더, 설문, 주소록, 드라이브, 게시판 등 기업에 필요한 모든 서비스를 하나로 제공한다. 앱의 기능이 유기적으로 연결돼 있다. 예를 들어, 대화방의 모든 구성원에게 이메일을 보내거나, 일정을 확인하거나, 즉석에서 설문을 돌리는 일이 한 화면에서 이뤄진다. 서비스 간 쉬

운 화면 전환을 이용하면 모바일에서 멀티태스킹을 할 수 있다. 원격 관리 기능과 디바이스를 잃어버렸을 때 IT 관리자가 앱 데이터를 삭제할 수 있는 MDM 기능도 제공한다. 라인웍스를 정상적으로 사용 중일 때도 각 기업 특성에 맞게 보안을 관리할 수 있다. 또한 화상회의와 화면 공유 기능을 제공한다. 기업별 커스터마이징 환경에 맞춰 보안을 설정할 수도 있다. 원본 데이터(메일/메시지)를 최대 10년간 보관 및 검색할 수 있다.

장점

- 최대 200명까지 동시에 참여할 수 있는 '라이트(Lite)' 상품을 무료로 지원함.
- 모든 업무 데이터는 클라우드 서버에 저장돼 장소의 제약 없이 접근할 수 있음.
- 개인용 메시지 알림과 업무 알림을 구별할 수 있어 업무를 놓치지 않음.
- 관리자 입장에서도 게시물이나 메시지를 읽은 사람을 확인할 수 있음.
- 한국어를 포함해 5개 국어의 번역을 지원하고 파파고를 기반으로 메시지 번역 기능을 제공함.
- 세계 최고 수준의 개인 정보 보호와 보안 인증으로 안전하고 편리한 서비스를 제공함.

단점

- 협업 기능 중 전자결재 기능은 제공하지 않음.
- 아카이빙(웹 메일 데이터를 별도 서버에 저장하고 장기간 관리하기 위한 솔루션) 서비스는 유료 버전에서만 사용할 수 있음.

네이버 라인웍스는 다음과 같은 경우에 추천한다.

- 외근, 현장 출근, 오프라인 매장 운영, 재택근무 등 근무지가 다른 직원과 협업하는 경우
- 네이버의 메신저, 메일과 거의 같아 사용자가 별도 교육 없이 사용하려는 경우
- 네이버 인프라의 활용이 필요한 경우
- 원격근무와 업무 보안이 필요한 경우

업무용 메신저 협업 툴

트렐로

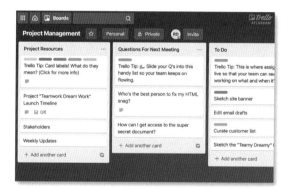

칸반 보드를 이용하면 어떤 일이 얼마나 진행됐는지, 진행 도중 어떤 일이 발생했는지를 관리할 수 있다. 트렐로(Trello)는 마치 포스트잇을 벽에 붙여놓고 팀 업무를 관리하듯 '카드'를 생성하고 드래그 앤 드롭으로 이동시키며 프로젝트 및 할 일을 매우 쉽게 관리할 수 있다. 또한 프로젝트 관련 파일, 할 일, 피드백, 관련자, 마감 일정까지 모두 하나의 카드에서 관리할 수 있다. 프로젝트 상황이 변경됐거나, 피드백을 남겼거나, 파일을 업로

언택트 시대 생존 방법

드했을 경우 이메일로 받아 현황을 실시간으로 파악할 수 있다. 팀원의 업무를 조율하는 관리자에게 유용하다. 100개 이상의 앱과 통합되며, 버틀러(Butler)라는 로봇 기능은 구성원의 할 일 목록을 분석해 우선순위를 정해준다. 트렐로의 장단점은 다음과 같다.

장점

- 드롭박스, 구글 드라이브, 에버노트 등과 연동할 수 있음.
- 댓글, 첨부 파일, 만기일 등을 트렐로 카드에 직접 추가할 수 있음.

단점

- 설치하기가 복잡함.
- 유료 버전이 아닌 경우 기능의 제한이 많음.
- 대규모 기업에서 사용하기는 비효율적임.
- 업무 내용이 10명만 넘어가도 직관적으로 이해하기 어려움.

트렐로는 다음과 같은 경우에 추천한다.

- 프로젝트 협업자 위주 또는 팀 위주의 경우
- 스타트업이나 업무 분배와 진행 과정 공유가 중요한 개발자
- 재택근무나 원격근무가 활발한 조직

클릭업

다양한 워크플로를 담기 위해 현존하는 모든 협업 관련 기능을 제공한다. 특히 채팅, 할 일 관리를 위한 리스트 생성, 프로젝트 관리, 칸반 보드, 칸트 차트, 공유 캘린더 기능까지 모두 통합하고 있어 문서 기반 원페이지 협업 툴 중 '올인원(all-in-one)'이라는 말에 가장 적합하다고 할 수 있다. 업무 중 주고받았던 자료를 파일함에서 쉽게 찾을 수 있고 프로젝트 현황도 원하는 목적에 따라 세 가지 타입으로 구분해 확인할 수 있다.

장점

- 뷰 서비스를 이용하면 불필요한 업무(업무 관리 리스트 작성, 캘린더 일정 체크 등)가 감소됨.
- 서로의 현황을 쉽게 파악할 수 있어 협업의 효율이 높아짐.
- 업무 누락이 최소화되고 불필요한 커뮤니케이션이 감소함.
- 토글(Toggle), 구글 드라이브, 드롭박스, 깃허브, 구글 캘린더, 아웃룩, 슬랙 등 총 1,000개 이상의 외부 서비스와 연동됨.

단점

- 세팅을 위한 세부 옵션이 기능별로 너무 복잡함.
- 처음 사용하는 조직은 조직별로 초기 세팅과 사용법을 학습하기 어려움.

- 업무 진행 시 발생하는 새로운 메시지, 업데이트 노트, 진행 상황의 변화 등 업데이트 사항을 효과적으로 파악하기 어려움.

클릭업은 다음과 같은 경우에 추천한다.
- 업종과 직무의 특성에 상관없이 도입할 수 있음.
- 용량 제한이 있지만, 무료라는 점에서 가격 민감도가 높은 소규모 기업

콜라비

모든 워크플로를 한 페이지에 담을 수 있고, 한 페이지 내에서 이슈를 공유할 수 있으며, @ 키를 이용해 할 일과 일정, 파일 공유, 담당자 호출 등 원하는 콘텐츠를 공유할 수 있다. 대부분의 문서 기반 원페이지 협업 툴이 할 일의 내용과 담당자, 일정을 개별적으로 생성해 조합해야 한다면 콜라비에서 '할 일'만 선택하면 한 번에 업무명, 담당자, 마감일을 설정할 수 있다. 담당자는 '진행 중', '중단', '완료', '확인 요청'의 단계로 할 일의 진행 상황을 업데이트할 수 있고 할 일을 할당한 관리자 역시 본인이 전달한 할 일의 진행 상황을 한눈에 살펴볼 수 있다. 또한 아시아 기업의 수직적인 보고 문화에 맞게 '의사 결정' 기능이 있어 담당자가 관리자에게 의사결정을 요청할 수도 있다.

장점

- 업무 내역 및 협업 중 발생하는 커뮤니케이션 문서화를 제공함.
- 웹 기반이므로 설치하지 않고 바로 사용할 수 있음.
- 실시간 커뮤니케이션과 컨텍스트 스위칭을 최소화하면서 업무에 딥 워크(Deep Work)를 할 수 있음.
- 원페이지 협업 툴 중 유일하게 구축과 프라이빗 클라우드의 두 가지 형태를 제공함.
- 기능이 추가되면 실시간 연동, 동기화, 업데이트를 제공함.
- 새로운 멤버를 추가하기 쉬움.

단점

- 처음에 설치가 굉장히 복잡해 보여 중도 포기할수 있음.
- 나만의 맞춤화된 프로젝트 관리 프로세스를 만들려면 시간이 걸림.
- 구매하면 드롭박스, 구글 드라이브, 에버노트 등과 연동할 수 있음.

콜라비는 다음과 같은 경우에 추천한다.

- 대규모 기업이나 개발자보다 소규모 기업, 마케팅 및 기타 직군

플로

언택트 시대 생존 방법

업무용 메신저에 협업을 더한 솔루션으로, 카카오톡과 같은 메신저 형태로 제공되며 모바일 서비스 및 보안 채팅, 사내 시스템 연동 알림 등과 같은 기능을 제공한다.

장점

- 직관적이고 사용하기 쉬움.
- 업무 관리, 일정 공유 등 다양한 협업 기능을 한곳에서 사용할 수 있음.
- 사내 시스템과 연동할 수 있음.
- SaaS, 구축형 모두 가능함.
- 프로젝트별로 쉽게 카카오톡이나 문자, 이메일로 초대해 협업할 수 있음.

단점

- 화상회의 기능이 없고 전자결재 등의 기능이 부족함.

플로는 다음과 같은 경우에 추천한다.

- 업무가 단순하고 많은 거래처를 보유한 경우
- 해외 출장이 많은 경우
- 프랜차이즈 업종

06

체크리스트

언택트 시대의 도래는 기업이 개인의 일하는 방식 및 일하는 장소 등을 다양한 형태로 변화시키고 있으며 스마트워크의 도입을 요구하고 있다.

다음 체크리스트는 스마트워크에서 부각되고 있는 재택근무, 애자일, 긱 워커, 화상회의 분야를 제시하고 있다. 과연 당신은 각 분야에서 준비돼 있는지 체크해보기 바란다. 분야별 체크 항목이 10개 이상이라면 제대로 실행하고 있는 것이고 10개 이하라면 부족한 항목이 무엇인지 체크해 보완하면 된다.

재택근무

	질문	답변
1	조직 업무 커뮤니케이션 툴을 개인 채팅 툴과 분리해 사용하고 있다.	
2	팀 업무, 목표, 진행 상황, 일정 등을 하나의 툴에서 실시간으로 공유할 수 있다.	
3	화상회의 툴을 사용한다.	
4	문서 공유가 가능한 클라우드 시스템을 사용한다.	
5	보안 관리 시스템이 있다.	
6	실시간 모니터링과 근무 시간 체크가 가능한 시스템이 있다.	
7	보안이 필요한 정보나 문서의 범위를 명확히 정해 공유하고 있다.	
8	많은 시간을 혼자 견딜 수 있다.	
9	규칙적으로 쉬는 시간을 갖는다.	
10	업무 보고의 원칙과 가이드가 있다.	
11	업무 시작과 종료 시각이 명확하다.	
12	업무의 기한을 정하고 공유한다.	
13	업무 진행 상황을 투명하게 공유한다.	
14	커뮤니케이션 방법 매뉴얼이 있다.	
15	비동기 커뮤니케이션의 시간차를 인정하고 그에 맞춰 일한다.	

애자일 조직

	질문	답변
1	일 자체의 가치나 과정을 중시한다.	
2	부정적 비판과 피드백에 열려 있다.	
3	나에 대해 객관적으로 파악하고자 애쓰고 있다.	
4	이타적으로 대가를 바라지 않고 타인과 동료를 돕고자 한다.	
5	관계의 상호 의존성을 인식하고 주변을 빛냄으로써 전체를 빛나게 한다.	
6	리스크가 높은 중대한 사업에 주력하고 있다.	
7	나는 업무의 구체적인 결과에 책임을 진다.	
8	나는 업무를 자율적으로 수행한다.	

9	나는 애자일의 가치, 원리, 기법을 적용하는 것에 열정적이다.	
10	고객과 긴밀하게 협업할 수 있는 권한을 위임받고 있다.	
11	장애물 제거, 팀의 업무 인정 등 고위 경영진에게 지원을 받고 있다.	
12	회사가 협력과, 신뢰 그리고 비난 없는 문화를 지니고 있다.	
13	나는 프로젝트 변화에 익숙하고 민첩하게 대처한다.	
14	나는 프로젝트에 관계된 사람과 주기적으로 소통하고 있다.	
15	나는 프로젝트의 최신 정보를 받고 있다.	

긱 워커

	질문	답변
1	근무 시간을 스스로 정한다.	
2	목적을 갖고 하루를 시작한다.	
3	체크리스트를 사용한다.	
4	뽀모도로 기법(Pomodoro Technique)을 이용한다.	
5	큰 프로젝트는 작은 업무로 쪼개 처리한다.	
6	자기개발을 이용해 성장한다.	
7	혼자서 업무를 보는 데 익숙하다.	
8	스스로 책임질 각오가 돼 있다.	
9	클라이언트와 직접 대면할 수 있다.	
10	감정을 잘 조절할 수 있다.	
11	유행하는 트렌드에 민감하다.	
12	가족과 친구들의 지지를 받고 있다.	
13	나는 프로젝트 변화에 익숙하고 민첩하게 대처한다.	
14	나는 프로젝트에 관계된 사람과 주기적으로 소통하고 있다.	
15	나는 프로젝트의 최신 정보를 받고 있다.	

화상회의 준비 및 진행사항

	질문	답변
1	환경 구축하기(노트북, 캠 카메라, 마이크 준비하기)	
2	인터넷 연결 확인하기	
3	마이크 확인하기	
4	공간 확보하기	
5	회의의 목적 및 초점을 유지하도록 의제 설정하기	
6	참석 인원과 진행자 설정하기	
7	회의 자료 미리 배부하기	
8	회의 시작 5분 전까지 접속해 준비 상태 확인하기	
9	시작 시간 엄수하기	
10	진행자가 차례대로 팀 구성원과 적극적으로 교류하기	
11	관심을 갖는 동시에 관심 유도하기	
12	인간미 보여주기	
13	피드백이 늦어지는 상황에 익숙해지기	
14	양방향으로 소통하기	
15	회의 종료 시간을 맞추기 위해 토론을 질질 끌지 않기	

언택트 비즈니스
맥락을 파악하라

언택트 비즈니스 시대는 이제 더 이상 남의 얘기나 먼 얘기가 아니다. 눈 깜짝할 사이에 우리 앞에 현실로 다가왔다. PART 3에서는 비대면으로 사회 · 경제 활동을 하는 신인류 호모 언택티쿠스의 시대에 변화 없이 여전한 호모 사피엔스 사피엔스로 남겨지지 않기 위한 방안들을 사례와 함께 살펴본다. 또한 우리는 왜 언택트 비즈니스에 관심을 가져야 하고, 현재 언택트 시대를 이끌어가는 비즈니스 유형에는 어떤 것들이 있는지 살펴본다. 새롭게 펼쳐진 언택트 비즈니스 시대를 어떻게 앞서 나가야 하는지에 대해서도 알아본다. 미래를 예측하는 가장 훌륭한 방법은 직접 미래를 만드는 것이다.

01

언택트 비즈니스에
관심 갖기

호모 언택티쿠스의 비즈니스

바야흐로 호모 언택티쿠스(Homo Untacticus)의 시대다. 비대면으로 사회·경제 활동을 하는 신인류, 즉 비대면 인간 호모 언택티쿠스가 세계 각지에서 폭발적인 증가세를 보이고 있다. 코로나19의 높은 전염성과 무증상 감염 가능성으로 사람들의 공포심은 날로 커지고 있다.

이에 다른 사람과의 만남이나 접촉을 가급적 피하고 비대면, 비접촉, 무인 방식을 선호하는 호모 언택티쿠스가 크게 늘었다. 이미 코로나19 이전부터 ICT 기술 발전에 힘입어 자연적으로 발생했던 이들은 코로나19라는 트리거(기폭제)로 인해 급팽창했다. 향후 코로나19가 안정기에 접어들더라도 우리의 예상치를 훨씬 뛰어넘는 수많은 생활자가 호모 언택티쿠스로 지내게 될 것이다. 이들이 펼쳐가는 언택트 비즈니스 활동을 살펴보자.

자아실현의 욕구

존경의 욕구

사회적 욕구

안전의 욕구

생리적 욕구

    유명한 미국의 심리학자 매슬로(Abraham Harold Maslow, 1908~1970)는 욕구 단계설에서 인간의 욕구는 중요도에 따라 다섯 단계로 구성된다고 설명했다. 그는 기본적인 욕구 단계인 생리적 욕구와 안전에 대한 욕구가 충족돼야만 그다음 단계인 사회적 욕구, 존경 욕구, 자아실현의 욕구로 전이될 수 있다고 주장했다. 이 중 2단계라 할 수 있는 안전에 대한 욕구는 신체적·감정적·금전적 안전과 안정을 추구하며 질병으로부터 스스로를 보호하고자 하는 건강과 보건에 대한 욕구다. 최근 언택트 서비스의 전 세계적인 수용은 안전과 건강에 대한 욕구가 사회적 욕구 같은 상위 욕구보다 우선한다는 방증이라 할 수 있다.

    언택트는 '방향'이 아니라 '속도'가 중요하다. 바람개비를 돌리고 싶은데 바람이 불지 않는다고 불 때까지 마냥 기다려선 안 된다. 내가 달려가면 바람개비가 돌아가기 때문이다. 이제 어느 누구도 미래의 라이프스타일이 언택트 방식으로 진화한다는 데 대해 이의를 제기하지 못한다. 시작은 어렵지만 어느새 굳어진 관성은 무너뜨리기 어렵다. 물리적·관념적 제약에서 벗어나 점점 더 많은 사람과 더욱 많은 언택트(untact)를 할 수 있게 만들어 나가는 사람 또는 기업이 결국 언택트 경제의 승자가 될 것이다.

"바람이 불지 않을 때 바람개비를 돌리는 방법은 앞으로 달려가는 것이다."

– 데일 카네기

실제로 언택트라는 용어는 국내에서만 주로 쓰이고 있다. 학술 연구에서도 국내 연구자에게만 쓰이고 있다. 외국에서는 드론이나 무인 배달 로봇 등과 같은 무인 기술과 무인 서비스를 'unmanned'라고 지칭한다. 최근 들어 비대면과 무인을 아우르는 의미로 외국 언론들이 'zero contact', 'noncontact', 'no-contact' 등을 언급하고 있다. 디지털 기술과 온라인 플랫폼을 이용해 사람이 하던 일이나 사람 간 상호작용을 대신하는 것이 곧 언택트 서비스라 할 수 있다.

언택트 비즈니스는 '디지털 기술을 이용해 사람 간의 접촉을 최소화하고 상호작용을 대체할 수 있는 다양한 비대면, 비접촉, 무인 서비스를 포괄하는 산업'으로 정의할 수 있다. 언택트 산업은 크게 대면 활동과 상호작용을 최소화하는 '비대면·비접촉 서비스', 사람이 하던 일을 디지털 기술로 대체하는 '무인 서비스'로 구분할 수 있다. 이 중 비대면·비접촉 서비스의 예로는 화상회의, 원격진료, 온라인 교육, 온라인 쇼핑, 인터넷 게임, 동영상 스트리밍, 스마트 팩토리 등을 들 수 있다.

이들 언택트 서비스는 기존 오프라인에서 아날로그 방식으로 행해지던 경제활동이 온라인 플랫폼과 결합해 온라인상에서 디지털 방식으로 영위될 수 있게 변환된 서비스라 할 수 있다. 즉, 언택트 서비스는 기본적으로 기업이 고객에게 상품이나 서비스를 제공하는 방식에 디지털 기술이나 온라인 플랫폼을 활용하는 것을 의미한다. 이는 곧 기업의 디지털 트랜스포메이션 활동과 직결된다고 할 수 있다. 언택트 서비스는 생산과 소비를 포괄하는 여러 영역에서 뉴 노멀이 돼가고 있으며, 디지털 전환을 주도하려는 인터넷 기업과 ICT 기업 앞에 새로운 성장 기회로 다가왔다. 특히 구글, 아마존, 마이크로소프트, 넷플릭스, 알리바바, 텐센트 등과 같은 글로벌 기업은 이미 수년간 많은 스타트업을 인수·합병하면서 언택트 시대를 준비했기 때문에 코로나19는 이들로 하여금 더욱 큰 공룡으로 성장할 수 있는 계기가 될 것으로 보인다.

언택트, 온택트, 인택트가 되다

언택트(Untact)는 온택트(Ontact)로 진화했고, 결국 상호작용을 통한 소통을 강조하는 인택트(Intact, Interactive Untact)로 정점에 이르게 될 것이다.

언택트 관련 시장은 지속적으로 성장하고 있다. 스타벅스의 '사이렌 오더'는 2019년 대비 262%나 늘었다. 배달의민족, 요기요와 같은 배달앱은 2019년 주문 금액이 전년 대비 240%, 마켓컬리는 전년 동기 대비 이용 금액(2019년 11~12월 기준)이 247%나 증가했다. OTT(Over The Top, 인터넷을 통해 볼 수 있는 TV 서비스) 서비스 기업인 넷플릭스 또한 결제 금액 신장률이 2019년에 47%에 달했다.

최근에는 첨단 IT 기술과 결합한 언택트 서비스가 등장하고 있다. 언택트를 넘어 한 단계 더 나아간 온택트는 온라인을 통한 외부와의 연결을 의미한다. 언택트가 대면하지 않고 구매와 소비가 이뤄지는 것을 의미한다면, 온택트는 대면을 최소화하며 온라인을 통해 소통하는 것을 의미한다. 온택트의 핵심은 '소비자와의 소통'이다. 매장에 방문하지 않아도 가상현실(VR)을 통해 옷이나 신발, 안경을 착용해보고 구매할 수 있다.

인공지능 기술을 적용한 챗봇은 ARS 수준을 뛰어넘은 각종 상담을 구현하고 있다. 이처럼 코로나19 이전에도 언택트 서비스와 언택트 마케팅은 다양한 분야에서 우리의 일상생활에 깊숙이 들어와 있었다. 챗봇은 기술 발전 및 인건비 상승, 감정 노동 감소 노력 등이 망라된 결과라 할 수 있다.

실제로 대표적 비대면 서비스인 챗봇과 인공지능(AI) 콜센터는 최근 업계에서 환영받고 있다. 고객 상담 센터 근무자들이 가장 힘들어하는 부분이 감정 노동인데, 인공지능은 블랙컨슈머로부터 마음의 상처를 입지 않기 때문이다. 따라서 인공지능을 일자리를 위협하는 존재가 아니라 상호보완적인 존재로 인식해야 할 것이다.

회의와 행사도 온라인으로 대체되고 있다. 오프라인 모임은 화상회의와 웨비나가 대체 중이고, 전시회나 공연도 온라인으로 관람하기에 이르렀다. 학교 수업과 채용, 직원 교육까지 온라인만으로 진행하는 사례가 빈번하다. 수년 전부터 등장한 언택트가 대세가 되기에는 이용자들의 관성상 시간이 걸릴 수밖에 없었다. 그러나 코로나19가 하드캐리하면서 우리를 본격적인 언택트 시대로 진입하도록 이끌었다.

코로나19 이전과 이후가 극명하게 바뀌는 산업 분야가 '유통'이다. 이 분야에서 최근 가장 이슈가 되는 핫키워드는 '언택트'다. 오프라인 쇼핑 대신 온라인 쇼핑을 할 때나 오프라인 매장에서 키오스크나 무인 자판기로 구매를 할 때와 같이 대면 접촉을 최소화하는 모든 형태가 언택트로 변모했다.

소비 트렌드의 변화는 유통 형태, 라이프스타일, 일자리, 연관 산업군 등에 영향을 미친다. 특히 여행 산업, 키즈 카페, 영화관과 같은 실내 엔터테인먼트 산업은 성장에 대한 불확실성이 점차 높아지면서 강도 높은 구조 조정의 소용돌이에 빠질 수 있다. 만약 여행 산업이 침체되면 패션 산업에서도 레저 패션이나 여행 용품의 판매가 부진해질 것이다. 외출을 꺼리는 학부모들이 늘어나면 키즈 카페, 학습지, 아동 의류의 매출도 하락할 것이다.

언택트 소비에 대처하기 위해 유통업계에서는 오프라인 부문의 구조 조정과 더불어 온라인 부문의 강화가 가속화되고 있다. 대형 유통사를 기준으로 이미 온라인 관련 매출이 40%를 상회하고 있는 상황에서 이제는 생존을 위해서라도 온라인 비즈니스를 더욱 강화하는 방향으로 나아가게 될 것이다. 이커머스와 관련해서는 기존 제휴몰과 자사몰 중심에서 벗어나 여러 가지 방식으로 고객을 찾는 노력을 하게 될 것이다. 이미 비대면 채널에서 인기를 끌고 있는 라이브 커머스는 롯데백화점, 현대백화점 등 기존 대형 오프라인 유통사에서도 더욱 적극적으로 진행하려는 모습을 보이고 있다.

언택트가 모든 이들에게 편하고 좋은 면만 있는 것은 아니다. 무인 주문 시스템이 빠르게 확산되고 있는 맥도날드, 롯데리아와 같은 패스트푸드점에서 주문을 포기하고 돌아서는 고객이 생기는 것처럼, 이른바 '언택트 디바이드'가 생길 수 있다는 우려도 제기된다.

코로나19의 여파로 언택트 소비가 확산되는 과정에서 나타나는 디지털 정보 격차의 현실을 보여주는 씁쓸한 사례도 빈번해지고 있다. 언택트 소비 문화는 기본적으로 IT에 기반을 두고 있다. 스마트폰 앱 및 키오스크 등에 익숙한 세대 및 계층과 그렇지 않은 계층 사이에는 자연히 격차가 생길 수밖에 없다. 이것이 바로 온라인 소비와 IT 기술 활용에 서툰 시니어층이나 장애인의 소외 문제를 가리키는 '언택트 디바이드'란 말이 나온 배경이다.

과학기술정보통신부가 발표한 2019년 디지털 정보 격차 실태 조사 결과에 따르면, 저소득층·장애인·농어민·고령층 등 정보 취약 계층의 디지털 정보화 수준은 일반 국민의 69.9%에 그치는 것으로 나타났다. 마스크 대란의 가장 큰 피해자 역시 정보화 취약 계층이었다. 인터넷을 활용한 소비가 낯선 고령층이 큰 불편을 겪었다. 마스크 구매 접근성이 떨어지는 농어민 및 장애인도 마찬가지였다. 앞으로 이들 정보 취약 계층을 대상으로 한 신규 유망 비즈니스의 출현이 예상된다.

정보 취약 계층별 디지털 정보화 수준

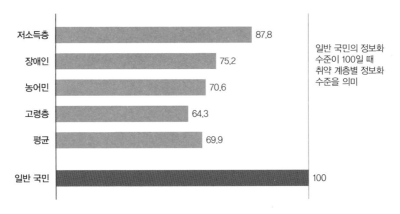

출처: 머니투데이/자료: 과학기술정보통신부

02

언택트 시대의
비즈니스 다시 보기

　근래 각광받고 있는 구독경제, 공유경제, 플랫폼경제를 짚어볼 필요가 있다. 최근 몇 년간 비즈니스의 주류로 떠오른 이들은 언택트 열풍에 따라 제각기 부침이 생기면서 확장 또는 새로운 방향을 모색하고 있는 중이다.

　성장세를 구가하던 구독경제는 코로나19를 만나면서 더욱 가파른 성장을 하고 있다. 전국의 소득 생활자 1만 명 가운데 정기배송 서비스를 이용한다고 응답한 사람이 25% 수준이었고, 6개월 내에 이용 계획이 있는 응답자까지 포함하면 40%에 육박할 정도로 이용층이 늘어나고 있어 앞으로의 폭발적인 성장세를 가늠하기 어려울 정도다.

　하지만 공유경제는 기존 산업과 충돌을 빚으면서 난항을 겪고 있다. 코로나19로 안전에 대한 이용자들의 우려가 커지면서 회의론이 팽배한 분위기다. 지속가능한 수익구조에 대한 고민 등으로 위축되고 있는 반면, 공유주방과 같은 일부 분야는 급부상하고 있다.

　　　　　　　　　　　　　　　　　　　　　　언택트 시대 생존 방법

4차 산업혁명 시대에 빅데이터와 인공지능과 같은 핵심 인프라를 기반으로 등장한 플랫폼 비즈니스는 기업에게 기회이자 위협이 돼왔다. 플랫폼 구축에 성공하면 기업 가치가 상승하지만, 미구축 업종은 중·장기적 생존 전략을 마련해야 하는 상황에 내몰리고 있는 현실이다. 이제 플랫폼은 모든 기업에게 필수불가결한 전략 요소가 되고 있다.

상상의 구속을 거부한다, 구독경제 비즈니스

언택트 시대가 열리면서 구독경제가 많은 사람의 주목을 받고 있고 산업 전반에 빠른 속도로 확산되고 있다. 매출과 현금흐름이 주기적으로 발생하는데다 충성도 높은 고객과 소비 데이터까지 확보할 수 있어 불황기에도 안정적인 사업 모델로 각광받고 있다. 그동안 렌털 및 구독 서비스와는 거리가 멀었던 분야에서도 잇따라 구독경제의 대열에 동참하고 있다. 자동차, 명품 의류, 식음료, 서비스 상품 등에 이르기까지 분야를 가리지 않고 확산일로의 양상을 보이고 있다.

구독경제란, 정수기·비데 렌털이나 신문구독처럼 소비자가 일정 금액을 정기적으로 지급하고 그 기간 동안 원하는 상품이나 서비스를 제공받는 형태를 말한다. 크레디트스위스 리포트에 따르면, 2020년 전 세계 구독경제 시장 규모는 약 594조 원에 달할 것으로 전망되고 있다. 구독경제라는 용어를 본격적으로 사용하며 널리 보급한 티엔 추오는 기업용 구독경제 결제 시스템·소프트웨어 솔루션 기업인 주오라(Zuora)의 창립자이자 최고경영자다. 그는 "제품 판매가 아니라 서비스 제공에 따른 반복적 수익 창출을 위해 고객을 구독자로 전환시켜야 한다."라고 강조했다. 최근에 구독경제를 선제적으로 잘 활용한 기업으로 많은 사람이 '넷플릭스'를 언급하고 있다. 리드 헤이스팅스가 1997년 미국 캘리포니아에서 서비스를 시작한 넷플릭스는 고객이 일정한 구독료를 매월 지불하면 비디오와 DVD를 우편배송으로 대여하는 서비스로 시작했다. 현재는 전 세계 190여개 국가에서 약 2억 명의 가입자에게 영화와 드라마 무제한 감상 서비스를 제공하는 영상 콘텐츠 플랫폼이 됐다.

구독경제는 불과 1~2년 전만 해도 특정 산업에만 국한된 사업 모델로 여겨졌다. 소비자가 정기적으로 제품이나 서비스를 제공받아야 한다는 방식과 대개 그 비용을 선지급한다는 점에서 기업과 소비자 모두에게 진입 장벽이 있을 수밖에 없었다. 그런데 요즘은 다양한 업종의 대기업이 적극적으로 뛰어들고 있고 소비자들은 선불인데도 기꺼이 지갑을 열고 있다. 소비자의 입장에서는 같은 제품이나 서비스라면 아예 구독을 하는 것이 훨씬 저렴하기 때문이다. 기업은 정기구독하는 소비자에게 더 큰 할인 폭을 제공한다. 해당 상품과 서비스를 자주 이용하는 편이라면 구독이 당연히 경제적인 선택이다. "사회적 동물인 인간은 비록 구매자 집단이라 하더라도 커뮤니티의 일원이 돼 근본적 욕구를 해소하길 원한다."라는 로비 켈먼 백스터(Robbie Kellman Baxter,《멤버십 이코노미》의 저자)와 같은 의견도 있다.

닐슨의 2020년 1사분기 소비자 조사에 따르면, 소유보다 많은 경험을 해보고 싶다는 의견이 69.3%, 구독이 결국 소유할 권리를 사는 것이라는 의견이 80.5%, 생활 패턴상 소유보다는 가성비 좋은 구독이 적절하다는 의견이 58.2%, 지금의 소유는 큰 의미 없다는 의견이 54.2%를 차지했다.

코로나 이후 성장이 가속화된 구독경제 분야

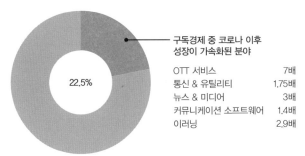

구독경제 중 코로나 이후
성장이 가속화된 분야

OTT 서비스	7배
통신 & 유틸리티	1.75배
뉴스 & 미디어	3배
커뮤니케이션 소프트웨어	1.4배
이러닝	2.9배

출처: 닐슨 보고서, Q1 2020

위 조사 결과와 같이 소비자들은 구독경제 서비스 이용에 대해 유연한 생각을 하고 있다. 밀레니얼 세대의 경우 제품을 소유하고 있다는 것을 과시하기보다는 합리적 가격으로 얻을 수 있는 다양한 경험을 선호한다. 소비자들의 소비 패턴이 소유에서 공유, 다시 구독으로 전환하면서 구독경제는 가장 유망한 비즈니스 모델로 주목을 받고 있다.

구독경제의 유형은 크게 '무제한 이용모델', '정기배송모델', '렌털모델'로 구분할 수 있다. 무제한 이용모델에는 넷플릭스, 유튜브 프리미엄, 밀리의서재, 로켓와우클럽 등이 있고, 정기배송모델에는 꽃 정기구독업체인 꾸까, 위클리셔츠, 속옷 큐레이션 서비스 월간 가슴, 렌털모델에는 정수기와 비데, 공기청정기 등을 취급하는 코웨이와 SK매직, 안마의자와 침대 등을 취급하는 바디프랜드, 시몬스페이 등이 있다.

정기구독모델의 유형

무제한 이용 모델	정기 배송 모델	렌털 모델

출처: 닐슨 발표 자료

구독경제 상품과 서비스를 제공하는 기업이 큰 할인이 가능한 이유는 마케팅비를 줄일 수 있기 때문이다. 기업은 갈수록 신규 고객 확보와 기존 고객 유지가 어려워지고 있다. 이에 따라 아예 한 번에 장기 구매 고객을 확보하는 방향으로 전략을 선회한 것이다. 구독 비즈니스 모델은 지금 당장은 큰 폭의 할인 비용이 부담으로 작용하는 편이지만, 신규 유입된 고객이 꾸준히 재구매와 추가 구매까지 해준다면 중장기적으로는 이윤이 되는 구조다. 고객 정보를 확보하게 돼 마케팅에 활용할 수 있다는 것도 장점이다. 고객이 구독 상품뿐 아니라 다른 특정 상품을 함께 구매하면 해당 고객의 취향을 면밀히 파악해 향후 개인 맞춤형 마케팅에 나설 수도 있다.

정기구독 서비스의 활황에는 택배 인프라의 발달도 한몫했다. 신선 식품과 같은 음식은 정기배송을 하기에는 다소 부담스러운 상품이었다. 고객이 직접 신선도를 확인하기 어려운 데다 배송이 늦어지는 경우가 발생하면 신선도가 떨어질 수 있기 때문이다. 그러나 요즘에는 새벽 배송과 1시간 내 배송이 일상화돼 있어 신선한 상품을 정시에 제공받을 수 있다.

향후 구독경제는 매우 빨리 더욱 폭넓게 확산될 것이다. 소비자의 입장에서는 구독경제를 이용하면 상품을 쌓아두고 소비해야 하는 재고 부담을 덜 수 있다. 신선한 상태의 음식을 적시에 소비할 수 있다는 장점도 있다. 기업의 입장에서는 구독경제를 이용하는 소비자 정보를 마케팅에 활용할 수 있다. 단점은 소비자가 기존 상품을 미처 다 이용하지도 않은 상황에서 다음 번 이용 주기가 다가올 수 있다는 점이다. 따라서 기업은 구독 상품이나 서비스의 사용량과 시간대를 차별화해 고객에게 유리한 선택지를 제공하는 전략이 필요하다.

그동안 국내에서는 구독경제가 제한적으로 이뤄져왔다. 정수기나 비데를 렌털하고 정기 관리 서비스를 제공하는 정도에 그쳤다. 하지만 요즘은 분위기가 달라졌다. 구독과는 거리가 멀었던 상품도 잇따라 구독 서비스에 나서고 있다.

버거킹의 '햄버거' 구독 서비스는 4주 이용권 또는 매달 정기 이용권을 구매하면 킹치킨버거를 매주 1개씩 제공한다. 킹치킨버거 정가가 2,100원이므로 4,700원짜리 정기권을 결제한 구독자는 정가보다 45%가량 저렴하게 햄버거를 구입할 수 있는 셈이다.

전통주 전문기업 배상면주가가 운영하는 '홈술닷컴'은 막걸리 정기구독 서비스를 진행하고 있다. 배상면주가의 막걸리 또는 막걸리와 안주 세트를 고객이 원하는 주기에 맞춰 정기배송하는 서비스다. 정기구독 고객에게 우선 출고해 출고 지연이나 품절 상황에서도 다른 고객보다 먼저 제품을 배송받을 수 있도록 한다. 구독을 시작한 금년 1월 직후 코로나19 사태로 집콕·홈술 트렌드가 확산되면서 회원 수는 매월 10%, 매출은 매월 20%씩 증가하고 있다.

편의점은 택배와 커피 상품을 정기구독 상품으로 내놓았다. GS25는 택배 구독 서비스 '프라임클럽'으로 1년간(360일) 30일 단위로 6개씩 총 72개의 500원 할인 쿠폰(총 3만 6,000원)과 1만 원 상당의 GS25 모바일상품권을 지급한다. 가입비 3,000원을 내면 3개월간 6개의 500원 할인쿠폰(총 9,000원)과 3000원 상품권을 제공한다.

여기에는 택배 서비스 이용 빈도가 높은 고객이 우체국이 아닌 편의점을 찾게 해 단골을 확보하고 추가 매출을 일으키려는 의도가 깔려 있다. 커피도 9,900~2만 5,000원을 선불로 결제하면 아이스 아메리카노 10~30잔을 최대 51% 할인된 가격에 제공한다. 이 서비스는 선보인 지 하루만에 매진됐을 정도로 커피 마니아들의 반응이 뜨거웠다.

포털도 구독경제에 뛰어들었다. 네이버는 2020년 6월 1일 유료 회원제 서비스 '네이버플러스 멤버십'을 선보였다. 비용을 지불한 네이버 이용자에게 네이버페이 포인트 적립과 함께 다양한 디지털 콘텐츠 이용 혜택을 제공하는 서비스다. 예를 들어 네이버쇼핑, 예약, 웹툰 서비스 이용 시 네이버페이로 결제하면 결제 금액의 최대 5%를 네이버페이 포인트로 적립해 준다. 월 결제액이 20만 원을 넘으면 1% 적립 혜택이 추가된다. 이외에 웹툰 미리 보기 10편, VIBE 음원 300회 듣기, 네이버 클라우드 100GB 이용권, 오디오북 대여 할인쿠폰 등의 혜택도 패키지로 제공한다.

쿠팡도 정기배송을 이용해 구독경제의 흐름에 합류했다. 식품, 생활 용품, 건강 기능 식품, 유·아동 용품, 세탁·주방 용품, 반려동물 용품 등 총 17가지 카테고리의 상품을 고객이 원하는 날짜와 배송 주기(월 단위)에 맞춰 정기배송해준다. 서비스 개시 이후 약 40만 명의 고객이 이용하고 있는 중이다. 소비자는 상품을 더 저렴하고 편리하게 구매할 수 있고 기업은 충성 고객을 지속적으로 확보할 수 있어서 소비자와 기업 모두에게 윈윈이 되고 있다.

요기요는 배달앱 최초로 '슈퍼클럽'을 선보였다. 월 9,900원을 정기결제하면 요기요 앱 내에 있는 모든 식당 메뉴를 월 10회, 3,000원씩 자동 할인받는 혜택을 제공하는 정기 할인 서비스다. 요기요의 다른 할인 행사나 쿠폰, 포인트와도 중복 할인이 가능하다. 배달앱을 통한 음식 소비가 이미 현대인의 식문화로 확실히 자리잡은 가운데 합리적인 할인 혜택과 주문 시 자동 적용되는 할인의 편의성 덕분에 소비자의 반응이 뜨겁다.

유료 멤버십을 비롯한 구독 서비스는 이용자가 서비스에 한 번 발을 들여놓으면 혜택과 편리함 때문에 지속적으로 이용할 수밖에 없도록 만드는 중독적인 요소나 장치를 만드는 것이 필수적이다. 날이 갈수록 경쟁이 격화되는 구독경제 시장에서 차별화된 전략을 내놓지 못한다면 고객을 지속적으로 묶어두기 어려울 것이다.

구독경제를 비즈니스에 활용하고자 하는 기업은 소유를 통한 니즈를 넘어 상품과 함께 경험이라는 부가가치를 원하는 소비자의 욕구를 반영할수 있어야 한다. 이를 위해서는 소비 트렌드에 대한 이해가 필수다. 4차 산업혁명을 계기로 서비스의 산업화가 가속화되면서 제조업의 서비스화가기업의 경쟁력 향상에 중요한 요인으로 작용하고 있다.

소상공인과 중소기업은 기존 사업의 성장 한계를 극복하기 위해 구독경제 비즈니스 모델 활용 방안을 적극적으로 고려해야 한다. 기존의 일상적인, 아니 심지어 영세하다고 볼 수 있는 비즈니스 영역에서도 구독경제와결합해 다양한 체험을 하고자 하는 소비자의 니즈를 충족시키는 경우가있기 때문이다.

"구독 서비스를 하면 다음과 같은 혜택을 볼 수 있다. 첫째, 회사 가치와 고객 생애 가치가 올라간다. 둘째, 수요가 일정하게 유지된다. 셋째, 고객 시장 조사 비용이 절감된다. 넷째, 수금이 자동화돼 혹독한경기 침체에 대비할 수 있다."

— 존 워릴로(John Warrillow, 구독 기반 리서치기업 Warrillow & Co. 창업자)

소유냐 공유냐, 그것이 문제로다, 공유경제 비즈니스

공유경제 서비스는 우리나라를 비롯한 유럽과 아시아 각국에서 사회적갈등을 일으키는 존재로 작용하기도 하지만, 한편으로는 거스를 수 없는시대 흐름으로 자리잡아가고 있다. 많은 전문가가 앞으로 공유경제 서비스가 훨씬 더 다양해지고 일반화될 것이며, 미래 경제의 주축이 될 것으로 예상한다. 우리나라의 경우는 각종 규제와 기존 사업자의 반발, 이용자의 타인에 대한 배려 부족 등 다양한 걸림돌로 공유경제가 안착하려면 아직은 시간이 좀 더 필요한 상황이다.

잘 나가던 공유경제에 적신호가 켜졌다. 업체 간 차별화가 희미해지면서 수익 구조가 낮아진 것이 큰 이유다. 게다가 코로나19가 닥치면서 공유경제의 근간이 흔들렸다. 세계 각국이 자국민의 이동을 제한하고 해외여행이 금지되다시피 하면서 에어비앤비를 필두로 한 숙박공유업체의 이용률은 급격히 하락했다. 공유오피스 업계 역시 크게 위축됐다. 이때문에 일부 전문가는 코로나19가 없어지더라도 공유경제의 회복이 쉽지 않을 것이라는 전망을 하고 있다. 타인과 사무실, 주택, 자동차 등을 함께 사용한다는 것은 개인 간 접촉의 최소화라는 전염병 예방 수칙에도 걸맞지 않기 때문이다. 소프트뱅크 손정의 회장의 비전펀드가 위워크 주식 30억 달러어치를 공개매입하려던 입장을 철회한 것도 이 때문이다. 이러한 소식이 전해지면서 미국의 블룸버그와 영국의 텔레그라프 등은 '공유경제가 코로나19로 존재 위기에 처했다.'라는 기사를 냈다.

2008년 금융위기 이후 대량 생산 소비 시스템이 위협을 받았다. 이때 공유경제가 등장했다. 로런스 레시그(Lawrence Lessig, 하버드대 법대 교수)가 제안한 공유경제라는 용어는 '적게 생산하되 나눠 쓰는 방식'으로, 그의 저서 《리믹스》에서 처음 사용했다. 당시 레시그 교수가 언급한 대표적인 공유경제 모델은 인터넷 백과사전 위키피디아 등으로 인터넷상에 한정됐다.

공유경제는 서브프라임 모기지 사태로 주택 소유의 근간이 흔들리면서 확산됐다. 자신의 지식을 인터넷을 통해 공유하는 차원을 넘어 차량, 집, 사무실과 같은 실물을 공유하기 시작한 것이다. 공유경제의 대표주자들은 유니콘 기업으로 성장했고, 곧 기업가치가 가장 높은 기업으로 부상했다.

하지만 최근 코로나19의 확산으로 일부 공유경제 기업은 존립까지 걱정해야 하는 처지가 됐다. 공유는 고사하고 타인의 물건에 접촉하는 것조차 꺼리는 분위기가 확산되면서 공유경제 모델의 근간이 흔들리고 있는 것이다. 코로나19가 안정된 이후 공유경제가 다시 예전과 같은 성장률을 회복할 수 있을 것인지에 대해서도 회의적이다. 익숙해져 버린 사회적 거리두기가 공유업체에게 부담으로 작용하게 될 것이다.

마케팅회사 브릿지 인사이트의 창업자인 쿠마르 메타(Kumar Mehta)는 "코로나19 이후에 공유경제 시대가 가고 고립경제 시대가 올 것이다."라고 전망하고 있다.

하지만 그렇다고 해서 모든 공유경제 서비스에 암울한 전망만 있는 것은 아니다. 공유경제 서비스를 하는 기업은 모두 각각의 공유 전략이 있기 때문에 분야별로 살펴봐야 한다는 의견도 만만치 않다. 글로벌 회계컨설팅기업인 프라이스워터하우스쿠퍼스(PwC)는 세계 공유경제 시장 규모가

2015년 150억 달러에서 2025년 3,350억 달러로 20배 넘게 커질 것으로 전망하기도 했다.

공유경제 비즈니스 모델을 활용한 다양한 업종의 출현으로 전체 시장 규모는 날이 갈수록 커질 것이 확실시된다. 그러나 우리나라에서는 확산 속도가 더딘 점이 아쉽다. 규제와 전통산업의 반발에 막혀 고전하고 있는 경우가 여럿 발생하고 있다. 국내 공유경제 생태계는 스타트업이 주도하고 있다. 규모면에서는 세계 수준에 못 미치지만 꾸준한 성장세를 바탕으로 잠재력을 높여 나가고 있다. 업종별로 보면 교통, 지식, 물건, 공간 순으로 매출 구성비가 높게 나온다. 아직까지는 쏘카, 그린카의 영향력에 힘입어 교통이 50%가 넘는 점유율을 차지하고 있다.

비록 위워크 등을 위시한 공유경제 기업이 부진한 상황에 빠져 있기는 하지만, 업계에서는 공유 방식과 정도에 따라 향후 명암이 갈리게 될 것이라는 예상도 있다. 쇼핑, 의료, 교육, 금융 등의 분야에서 온라인 비중이 커지고 있는 만큼, 사무실 공간을 합리적으로 사용하는 공유 오피스 시장이 점점 늘어날 것으로 보는 전문가들도 있다. 미국 상업용 부동산회사 CBRE는 2030년까지 미국의 전체 사무실에서 공유 사무실이 차지하는 비중이 2%에서 13%까지 증가할 것으로 내다본다.

공유 오피스 중에서는 최대한의 독립성을 보장하는 기업만이 살아남을 수 있을 것으로 전망하기도 한다. 실제로 최근 공유 오피스가 고전하는 가운데에도 일부 기업은 성장세를 보이고 있는데, 그중 하나가 싱가포르 기업 '저스트코(JustCo)'다.

아시아 최대 공유 오피스 저스트코는 오히려 지금 이 시기를 확장 전략의 축으로 삼았다. 2011년 싱가포르에서 시작한 이 기업은 중국, 인도네시아, 태국, 대만, 호주 등의 주요 도시에 42개 센터를 두고 있다. 한국에도 5

개 센터를 운영 중이다. 저스트코의 성공 비결은 '명확한 공간 분리'에 있다. 단순히 '공유'라는 테마보다 오피스 자체의 '생산성'에 초점을 두고 수직적 공간이 많은 아시아 빌딩의 특성을 살렸다. 공용 업무 공간이나 카페테리아보다 개인 공간을 강조했다. 같은 층에 여러 기업이 입주해 있더라도 독립성을 최대한 유지하고자 했다. 사무실 사이에는 투명 유리 대신 두꺼운 벽을 설치해 개별 공간이 주는 프라이빗한 특성을 살리고자 했다. 또한 원격근로에 필요한 인공지능과 사물인터넷 등을 활용한 스마트 디지털 업무 공간을 조성했다. 진출 국가별 현지화 전략 수립에도 힘쓰고 있다.

또다른 성장 사례인 공유주방이 최근 인기를 끄는 이유는 공유의 속성이 다른 공유경제 서비스와는 차별화되기 때문이라는 것이 전문가들의 분석이다. 대부분의 공유경제 서비스는 최종 소비자가 차량, 집 등을 공유하게 되지만 공유주방은 철저히 제한된 생산자 일부만 시설을 공유한다는 점에서 큰 차이를 보인다는 것이다. 공유라는 이름이 붙은 기업이 얼마나 다른 속성을 갖고 있는지 보여주는 좋은 사례라 할 수 있다. 생산자는 주방을 공유하지만 소비자는 다른 소비자나 식당의 직원과 아무것도 공유하지 않는다. 공유주방의 성공은 한편으로는 공유경제의 확산이라기보다 비대면 소비가 늘어나는 상황을 잘 파고든 것으로 보는 측면도 있다.

공유경제와 구독경제 비즈니스 모델은 경험 제공 방식에서 차이를 보이고 있다. 공유경제는 소비자가 중개 플랫폼을 매개로 상품 소유자와 거래해 일정 기간 동안 상품을 경험하는 모델이다. 구독경제는 공급자가 판매 방식을 구독 방식으로 변환해 소비자로 하여금 일정 기간 동안 경험하게 하는 모델이다. 소유가 아닌 경험을 제공하고 경험한 만큼 대가를 지불하게 한다는 점에서는 유사하다. 비즈니스 구조의 핵심 플레이어가 공유경제는 '중개 플랫폼', 구독경제는 '공급자'라는 것이 명확한 차이점이라 할 수 있다.

제품은 플랫폼을 이길 수 없다, 플랫폼 비즈니스

"21세기의 부는 플랫폼에서 나온다."

– 오마에 겐이치

아마존, 구글과 같은 거대 플랫폼 기업이 유통, 광고, 콘텐츠 등 여러 분야의 시장을 장악하면서 플랫폼이 화두로 떠오르고 있다. 전자상거래 플랫폼으로 시작해 다양한 분야로 사업을 확장하고 있는 세계적인 클라우드 플랫폼 '아마존'을 비롯해 인터넷 검색 엔진을 핵심 사업으로 삼은 스트리밍 플랫폼 '유튜브', 세계 최대 소셜 네트워크 플랫폼 '페이스북', 모바일 플랫폼 '안드로이드'와 같은 여러 플랫폼을 장악한 '구글' 등이 대표적인 예라 할 수 있다. 이들의 성공 비결이 플랫폼 기반의 사업 전개와 확장이라는 점에서, 플랫폼의 개념과 특징에 대한 많은 연구와 분석이 이뤄지고 있다. 제조, 유통, 전자, IT 등 분야를 가리지 않고 많은 기업이 플랫폼 사업자를 궁극적인 목표로 삼고 있을 만큼 플랫폼 전략은 기업에게 매우 중요하다. 인터넷의 발달은 '플랫폼 비즈니스'를 탄생시켰고 이 플랫폼 기업은 우리가 상상하는 것보다 훨씬 더 큰 파급력과 영향력으로 기존 시장을 장악하고 있다.

플랫폼이라는 단어는 기차를 탑승하는 플랫폼 공간에서 유래했다. 플랫폼은 사전적인 의미로 '기차역에서 승객이 열차를 타고 내리기 쉽도록 철로 앞에 지면보다 높여 설치해 놓은 평평한 장소'를 뜻한다. 그러나 산업, 비즈니스에서는 이와 다른 뜻으로 사용된다. 기존의 여러 연구를 종합해 보면 '다수의 생산자와 소비자가 연결돼 상호작용하면서 가치를 창출하는 기업과 산업 생태계 기반의 장'으로 정의할 수 있다.

지금은 스타트업 전성시대다. 매일 전 세계적으로 수많은 스타트업이 생기고 있으며 자신만의 서비스를 선보이고 있다. 그리고 많은 스타트업 서비스가 O2O 플랫폼, On Demand 플랫폼, Direct Commerce 플랫폼, AD exchange 플랫폼 등을 지향하고 있다.

글로벌 플랫폼 기업은 대부분 작은 스타트업에서 출발했다. 애플, 페이스북, 구글, 아마존 등은 모두 대기업 자본에 기반을 둔 것이 아니라 창고와 같은 열악한 환경에서 시작해 성공한 기업이다. 자본이 충분하지 못했고, 인력도 부족했다. 오직 그들에게는 핵심 멤버와 기술만 있을 뿐이었다. 최근 플랫폼 비즈니스가 크게 부상하는 이유는 현재 이들 플랫폼 기업이 산업의 주도권을 쥐고 있기 때문이다. 전 세계 시가총액 상위 10대 기업 중 플랫폼 사업을 영위하고 있는 기업 수가 2020년에는 7곳이나 된다.

세계경제포럼은 2025년경 디지털 플랫폼이 창출할 매출액이 60조 달러로, 전체 글로벌 기업 매출액의 30%를 차지하게 될 것으로 추정했다. 이와 아울러 향후 10년간 디지털 경제에서 창출될 새로운 가치의 60~70%가 데이터 기반의 디지털 네트워크와 플랫폼에서 발생할 것으로 예측하고 있다. 인공지능, 사물 인터넷, 클라우드, 5G 등 다양한 4차 산업혁명 기술의 발달은 플랫폼이 영향력과 지배력을 더욱 가속화하는 데 큰 역할을 할 것으로 전망되고 있다.

플랫폼의 가장 큰 장점은 표준화된 기능을 누구에게나 제공한다는 것이다. 플랫폼 운영자가 상품을 소개하는 기능, 결제와 대금을 받는 기능, 배송 업체에 상품을 보내고 소비자에게 통보하는 기능, 판매 현황을 집계하는 기능, 마케팅 툴 등과 같은 기본적인 요소를 제공하기 때문에 공급자는 단지 제품의 마케팅에만 신경 쓰면 된다. 사업을 하는데 이와 같은 기능을 갖추려면 창업 비용이 많이 들 수밖에 없다. 하지만 플랫폼에 들어가면 추가 유통 마케팅 비용 없이 전국적으로 심지어 전 세계 고객을 대상으로 상

글로벌 시가 총액 상위 10대 기업 순위

순위	2017년 2Q	2015년	2013년	2011년	2009년	2007년
1	애플	애플	애플	엑슨 모빌	엑슨 모빌	엑슨 모빌
2	알파벳	엑슨 모빌	엑슨 모빌	페트로차이나	페트로차이나	GE
3	마이크로소프트	버크셔해서웨이	버크셔해서웨이	애플	월마트	마이크로소프트
4	아마존 닷컴	구글	페트로차이나	중국 공상은행	중국 공상은행	시티그룹
5	버크셔해서웨이	마이크로소프트	월마트	페트로브라스	차이나모바일	AT&T
6	존슨앤존슨	페트로차이나	GE	BHP 빌리턴	마이크로소프트	가스프롬
7	페이스북	웰스파고	마이크로소프트	중국 건설은행	AT&T	토요타자동차
8	텐센트 홀딩스	존슨앤존슨	IBM	로얄 더치 쉘	존슨앤존슨	BOA
9	엑슨 모빌	중국 공상은행	네슬레	쉐브론	로얄 더치 쉘	중국 공상은행
10	JP모건 체이스	노바티스	쉐브론	마이크로소프트	P&G	로얄 더치 쉘

출처: 한국투자증권

품을 판매할 수 있는 기회를 얻게 된다. 그래서 더 많은 공급자가 자발적으로 제품, 서비스, 콘텐츠를 올리면 소비자는 자신이 원하는 상품을 찾을 가능성이 더 많아지게 된다. 그리고 다시 더 많은 공급자를 끌어들이면서 규모의 경제를 이룬다. 잘 만든 콘텐츠 하나가 입소문만으로 수백만 명, 수천만 명에게 전달되는 것도 플랫폼이 있기 때문에 가능한 것이다.

플랫폼이 제공하는 가장 큰 가치는 '솔루션'과 '재미'라고 보는 시각이 많다. 중소기업의 대다수는 아이디어와 기술은 지니고 있지만 자금, 시장,

세계의 플랫폼 기업들

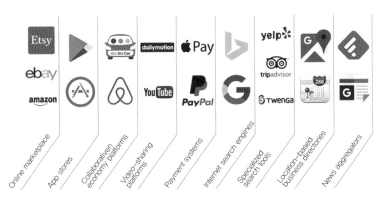

언택트 시대 생존 방법

사람, 영업력이 부족하다. 그러다보니 중소기업은 스스로가 플랫폼을 만들기보다는 이미 존재하는 플랫폼에 보완자로 참여하는 경우가 일반적이었다. 대기업이 만든 전자상거래 플랫폼에 쇼핑몰로 입점해 상품을 판매하는 경우가 대표적인 사례다.

산업 간 경계가 허물어지고 기술을 보유한 기업이 플랫폼을 기반으로 비즈니스를 확장하면서 전통적인 산업에도 변화가 일어나고 있다. 향후에는 대부분의 산업이 플랫폼 기반 비즈니스의 영향을 받을 수밖에 없는 구조로 바뀌게 될 것이다. 연구 기관에서는 플랫폼 기업이 영향을 받을 분야로 유통, 소비재, 금융, 모빌리티 등을 꼽고 있다.

많은 사람에게 익숙한 기업인 유통 분야의 월마트를 예로 들어보자. 우리나라의 대형 오프라인 유통 기업이 매장을 하나둘씩 폐점해 나가면서 영업 부진을 만회해 나가고 있다는 소식을 접했을 것이다. 다른 나라도 물론이거니와 미국의 유통업체 또한 어려움을 겪고 있다. 세계적인 유통 기업 월마트의 경우, 〈포춘〉지가 선정하는 세계 500대 기업 순위에서 단골 1위를 차지하던 기업이었다. 그러나 아마존을 비롯한 온라인 유통 기업이 부상하면서 점차 침체에 빠지게 됐다. 이런 월마트가 최근 들어 서서히 부활하는 모습을 보이고 있다. 월마트는 위기를 타개하기 위해 디지털 플랫폼 전략을 수립하고 커머스 플랫폼 기업을 지속적으로 인수·합병하기 시작했다. 2016년 제트닷컴, 2017년 슈바이 등과 같은 온라인 패션몰을 인수했고 온라인 맞춤 남성 의류 스타트업 보노보스도 인수했다. 2018년에는 인도의 아마존이라 불리는 전자상거래 거대 플랫폼 플립카트를 인수하기도 했다. 이렇게 디지털 플랫폼 전략을 강화하면서 기업 주가가 상승하고 매출 실적도 회복하고 있다. 월마트는 국내 유통 기업에 시사하는 바가 크다.

플랫폼이 구축을 이용해 대규모의 고객을 확보하면 인접 분야로의 사업

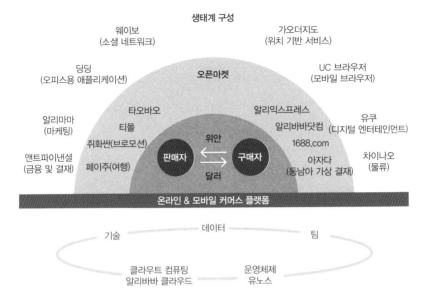

확장이 가능하다. 도서 유통 전자상거래 플랫폼으로 시작한 아마존이 상품 군을 넓히고 콘텐츠 플랫폼 비즈니스까지 확장한 것이 대표적인 사례라 할 수 있다. 중국의 알리바바도 전자상거래로 사업을 시작했지만, 간편 결제 서비스 알리페이를 운영하는 자회사를 대형 유니콘으로 성장시켰고 온라 인 동영상 플랫폼 기업을 인수해 중국 최대 동영상 플랫폼으로 키워냈다.

플랫폼 기업은 기술 및 데이터를 다른 기업에 판매할 수도 있다. 아마존 처럼 자사 클라우드 인프라 중 유휴 자원을 다른 기업에게 임대하는 사업 도 할 수 있다. 플랫폼 비즈니스는 이와 같은 수익 모델의 다변화로 지속적 인 확장을 할 수 있다. 성공한 플랫폼 기업은 초기에는 하나의 고객 접점에 서 시작해 자사의 강점을 살려 다른 영역으로 접점을 서서히 늘려 나가는 전략을 펼쳐왔다. 고객이 많아지면 다른 사업으로 연결하기가 쉽기 때문이 다. 따라서 일단 고객을 확보하고 핵심 가치를 창출하는 것이 중요하다. 일단 플랫폼을 성공 궤도에 진입시키면 빠른 속도로 사업을 확장하거나 수익을 극대화할 수 있다. 이것이 바로 플랫폼 비즈니스가 지닌 매력이자, 많은 기업이 실패를 경험하면서도 플랫폼 사업에 매달리는 이유다. 거인의 어깨 위에 올라타는 것보다 내가 작은 거인이 될 수 있는 방안을 찾아보는 건 어떨까?

모두 바꿔 드릴게요, 포스트 코로나 커머스

코로나19 이후 유통 분야에서 떠오르는 이슈를 하나씩 살펴보자. 가장 먼저 5060세대의 온라인 쇼핑 진입이 본격화됐다. 생활필수품을 중심으로 중·장년 세대의 온라인 유입이 크게 증가하면서 온라인 쇼핑이 전 연령대로 확산되고 있다. 2020년 3월 이후 50대 이상의 온라인 구매는 생활필수품, 생활 용품, 식품에서 큰 폭으로 증가했다. 향후 중년 세대의 소비 패턴으로 정착할 경우 온라인 쇼핑의 성장세는 더욱 가속화할 것으로 예상된다.

50대 이상 전년 동기 대비 품목별 온라인 구매 증가율

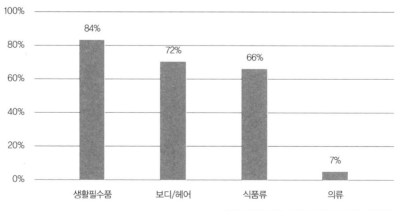

출처: 이베이코리아, 기간: 2020년 2월 21일~3월 22일

이번 코로나19로 인한 유통업 지각 변동의 핵심 키워드는 바로 '언택트'였다. 중국에서는 2003년 사스(SARS)의 발병으로 이커머스가 폭발적으로 성장했다. 소비자의 외출 자제와 비대면 선호로 온라인 쇼핑이 본격 성장하는 계기가 된 것이다. 중국의 이커머스를 주도하고 있는 알리바바와 징둥이 성장한 것도 이때부터다. 이후 중국의 유통 시장은 오프라인보다 온라인을 중심으로 급속히 발전했다.

일본 역시 마찬가지다. 2011년 동일본 대지진이 발생하면서 당시 주요 사회 인프라가 무너지며 사회적 혼란이 발생했다. 이때 근거리 생활수요 해결형인 일본 편의점은 시민들에게 화장실과 온수를 제공하고 피해 지역에 상품 공급을 늘렸다. 이후 일본 편의점의 이익은 크게 증가했고, 일본을 대표하는 유통 업태로 성장했다. 물론 일본도 금년 상반기에는 편의점 매출이 하락했다. 코로나19로 집에 머무는 시간이 길어졌고 집에서 직접 요리하는 경우가 늘어나면서 신선 식품 등을 저렴하게 구입하고자 하는 고객이 편의점 대신 슈퍼마켓을 찾고 있기 때문이다.

유통 4.0 시대

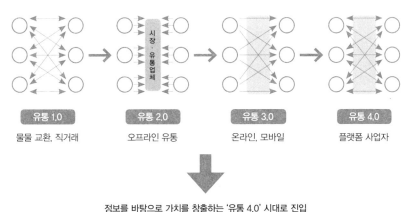

| 유통 1.0 | 유통 2.0 | 유통 3.0 | 유통 4.0 |
| 물물 교환, 직거래 | 오프라인 유통 | 온라인, 모바일 | 플랫폼 사업자 |

정보를 바탕으로 가치를 창출하는 '유통 4.0' 시대로 진입

출처: 4차 산업혁명 코리아루트, 산업통상자원부

언택트 시대 생존 방법

소비자들의 언택트 성향의 증가로 국내 유통 시장은 온라인 중심으로 빠르게 재편되는 중이다. 온라인 신선 식품 시장이 성장하고 라이브 커머스와 D2C가 발전하는 등 새로운 흐름이 나타나고 있다. 물론 유통 시장의 언택트를 완성하려면 기업의 디지털 트랜스포메이션 전략이 필수적이며, 이를 위해서는 4차 산업혁명이라 불리는 첨단 기술의 유통업 접목이 더욱 가속화돼야 할 것이다.

2020년 라스베이거스에서 개최된 CES 행사에서도 핵심 키워드는 사물인터넷, 인공지능, 로봇, 미래 식품, 5G였다. 이를 바탕으로 한 리테일테크가 유통 시장의 변화를 촉진시키고 있다.

유통 산업은 AR·VR, 인공지능, 빅데이터를 이용한 유통 서비스로 진화하면서 지식과 정보가 경쟁력의 원천이 되는 유통 4.0 시대로 진입했다. 전통적인 이커머스뿐 아니라 검색, 소셜 네트워크 서비스, 콘텐츠 분야 리딩 기업의 각축장으로 변화하고 있다.

플랫폼 커머스

네이버 커머스 전략은 '플랫폼 커머스'다. 네이버는 플랫폼 커머스의 대표적 사례로, 판매자를 위한 최적 플랫폼 제공을 목표로 하고 있다. 네이버

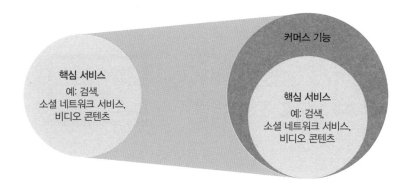

가 직접 사입을 하거나 상품을 판매하는 것이 아니라 판매자가 장사를 잘 할 수 있도록 툴과 기술, 인공지능 등 여러 플랫폼을 제공하는 방식이다. 판매자가 편하게 상품을 등록할 수 있는 OCR 기술, 속성 입력 툴 등을 제공하며, 판매자가 정확한 판매 현황을 예측 및 분석할 수 있도록 비즈어드 바이저, 데이터랩 등의 각종 통계 툴을 제공한다. 소상공인은 투자할 수 없는 인공지능, 빅데이터 기술을 제공하기 위해 AiTEMS 기술, 쇼핑렌즈 등을 제공하고 있으며, 소상공인의 CS 편의성을 제공하기 위해 톡톡 챗봇 기술을 무상으로 제공하고 있다. 쇼핑결제를 신속하고 편리하게 할 수 있는 네이버 페이를 제공하고 있기도 한다.

소셜커머스

소셜커머스는 소셜 네트워크 서비스와 온라인 미디어를 활용한 전자상거래를 의미한다. 1세대 소셜커머스는 커머스 사이트 내에 소셜 네트워크 서비스와 연동되는 링크를 마련해 바이럴 효과를 누리는 형태로 활용됐다. 2세대 소셜커머스는 소셜 네트워크 서비스 자체가 쇼핑 기능을 제공하는 형태로 정보 획득 및 확신, 구매가 가능하다.

2세대 소셜커머스, 소셜 네트워크 서비스 쇼핑

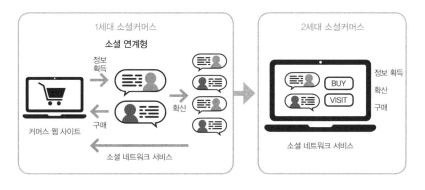

언택트 시대 생존 방법

VR / AR

VR 및 AR은 그동안 게임, 엔터테인먼트, 관광 등에 활용돼왔지만, 향후 유통 분야에서 폭넓은 활용이 예상된다. 최근 유통 시장은 온라인 비중이 급격히 증가했고, 모바일 쇼핑의 성장세가 두드러지고 있는데, VR · AR 쇼핑은 온라인과 모바일 체험을 극대화한다는 측면에서 차세대 온라인 플랫폼의 핵심 기술로 부상할 전망이다. 코로나19 이후 비대면 서비스 수요가 급증하면서 유통업체들은 현장에 가지 않고도 실제 매장(in store)에 있는 듯한 현장감을 제공할 수 있는 VR · AR 기술을 채택하고 있다.

라이브 커머스

최근 선풍적인 인기를 끌고 있는 라이브 커머스를 빼놓을 수 없을 것 같다. 라이브 커머스란, 실시간 동영상 스트리밍을 이용해 상품을 소개하거나 판매하는 온라인 채널을 의미한다. 홈쇼핑과 달리 시청자와 함께 소통하며 방송을 진행하는 것이 특징이다. 라이브 스트리밍과 커머스가 합쳐진 개념으로 모바일 스트리밍 플랫폼을 이용해 인플루언서가 상품을 판매하고 누군가 구매하는 세일즈 형태다. 전자상거래 업체뿐 아니라 MCN(멀티채널 네트워크), 크리에이터를 중심으로 영상이 퍼지는 형태다.

과거와 달리 일반적인 상품 소개도 단순하게 하지 않고 재미있는 콘텐츠로 전달하는 것이 활성화돼 있으며, 쇼핑몰 사이트는 물론 소셜 네트워크 서비스, 개인 방송국, 동영상 미디어, 종합 쇼핑몰, MCN 자체 채널 등 다양한 플랫폼으로 전달되고 있다. 요즘에는 쇼핑 사이트를 옮겨 다니다가 라이브 스트리밍으로 상품을 판매하는 광경을 자주 보게 된다. TV를 보면서 쇼핑을 하게 된다는 홈쇼핑의 시대 또는 휴대폰으로 상품을 주문한다는 모바일 커머스 시대의 뉴스가 현실화되고 어느새 당연해진 것처럼, 라이브 커머스도 새로운 쇼핑의 형태로 안착할지 기대를 갖게 한다.

라이브 커머스는 기존 커머스와 몇 가지 차이가 있다. 작은 화면에, 흥미를 끄는 콘텐츠로, 흥미롭게 팔아야 한다는 점이다. 따라서 기획, 쇼 진행, 구매 및 배달이 모두 일련의 프로세스처럼 일어나야 한다.

이 과정에는 행사 기획자, 인플루언서, 플랫폼 제공자 그리고 딜리버리 서비스가 하나의 플랫폼처럼 움직인다.

한 가지 분명한 것은 라이브 커머스는 기존의 TV 홈쇼핑이나 일반적인 모바일 쇼핑과 다르다는 것이다. 라이브 커머스는 중국에서 시작했다. 지금의 중국 리테일 커머스는 인공지능 기술, 5G, 그리고 빅데이터 등 모든 첨단 기술을 도입한 최첨단 커머스를 자랑하고 있다. 이커머스 거래 규모도 세계 1위다.

중국은 PC의 대중화보다 모바일 대중화 속도가 훨씬 빠르기 때문에 수많은 모바일 커머스에 최적화돼 있다. 그래서 라이브 커머스도 2005년도 YY닷컴과 몇 개의 초창기 플랫폼을 시작으로 2020년에는 45억 위안 규모로 라이브 스트리밍이 급격히 성장했다. 중국 라이브 커머스 시장은 2019년 630억 달러 규모로 성장한 것으로 평가돼 라이브 커머스 역사상 기록적인 해로 남을 것 같다.

알리바바는 2016년 타오바오 라이브를 만들어 현재 라이브 커머스 산업 전체를 이끌고 있다. 라이브 커머스의 위력은 매년 많은 관심을 끄는 '광군제'에서 나온다. 타오바오 라이브 커머스는 작년 광군제 기간 동안 20억 위안을 팔았다.

이 배경에는 압도적인 중국의 소비자 숫자, 스마트폰 보급률, 더욱 빨라진 인터넷 속도, 급격히 진화한 기술, 플랫폼 간 경쟁이 있었다. 결정적인 성장 요인은 세계에서 가장 빠른 결제 시스템에 있다. 위챗페이와 알리페이는 중국 모바일 커머스를 성장시킨 원동력이었다. 모바일 결제가 쉬워졌기에 징둥닷컴과 알리바바는 자신들만의 라이브 스트리밍 플랫폼을 발매한다. 그리고 그 중심에는 모바일 화면을 장악한 왕홍이 있다. 왕홍은 라이브 커머스 시장이 성장하는 데 결정적인 역할을 했다. 라이브 커머스가 성공하려면 재미있어야 하고, 고객에게 제품을 잘 이해시킬 수 있는 능력이 있어야 하며, 세일즈를 실제로 일으킬 능력이 있어야 한다. 모바일로 왕홍의 설명을 듣고 직접 질문하고 구매하는 방식은 중국에서 대성공을 거뒀다. 왕홍은 라이브 커머스 산업에서 모바일 라이브 스트리머가 된다. 중국에는 현재 이러한 왕홍 스트리머가 무려 200만 명에 이른다고 한다.

라이브 커머스의 특징은 쌍방향 커뮤니케이션에 있는데, 실시간으로 그들이 좋아하는 왕홍을 볼 수 있다는 점, 그들에게 표현할 수 있다는 점, 그들의 말을 신뢰한다는 점이 작용한다. 또한 라이브 커머스가 성장하려면 소비자의 라이프스타일과 소비 성향 분석도 필요하다. 중국의 경우 라이브 스트리밍을 통한 판매에 거부감이 약하다는 특징이 있다. 아직 중국 라이브 커머스의 사용자는 30대 이하가 80%다. 다만 중국의 젊은 세대의 구매력과 시장 크기는 타의 추종을 불허해 라이브 커머스의 잠재성이 매우 커 보인다.

알리바바는 중국의 라이브 커머스를 글로벌로 확대하기 위해 필리핀, 태국, 말레이시아 등 동남아 지역에 알리바바 소유의 라자다를 이용해 라이브 커머스를 진행하고 있다. 일본은 라쿠텐이 라이브 커머스를 개발했다. 아마존은 2019년 1월에 '아마존 라이브'를 런칭했다.

많은 관심이 국내 라이브 커머스에 쏠려 있다. 특히 2020년에 들어와 민간 기업뿐 아니라 정부 기관까지 관심을 보이고 있다. 코로나로 언택트 경제가 활성화되고, 유통 판로를 뚫기 위한 가장 흥미로운 세일즈 채널 중

하나가 바로 '라이브 커머스'이기 때문이다.

한국에서는 LF, 티몬 등에서 라이브 커머스를 시작했다. 그러나 중국 시장처럼 여러 비즈니스 모델이 만들어져 있다기보다 이제 국내 라이브 커머스 모델을 만들어 나가는 중이다. 중국 라이브 커머스와의 가장 큰 차이점은 왕홍이라는 중간 판매 역할이 없고 즉시 결제 시스템이 가로막고 있다는 것이다. 현재 왕홍의 역할은 국내의 많은 인플루언서가 대체할 것으로 보인다. 인플루언서 에이전시에서도 발빠르게 움직이고 있다.

라이브 커머스 플랫폼에서도 곧 격전이 일어날 것으로 보인다. 기존 네이버, 카카오와 같은 플랫폼에서 이미 서비스를 하고 있고 그립 및 소스라이브 등 국내 스타트업에서 자체 라이브 커머스 플랫폼을 구축해 브랜드와 협업하고 있다.

코로나19로 인한 비대면 소비 문화의 확산으로 방문 고객이 급감한 오프라인 채널과 다양한 온라인 업체를 중심으로 실시간 영상과 소통을 이용해 상품을 판매하는 라이브 커머스 서비스가 인기를 끌고 있다. 티몰 등 일부 이커머스 중심으로 시도되던 라이브 커머스가 코로나19로 장기 침체에 빠진 오프라인 유통사의 생존을 위한 판매 전략으로 부상하고 있는 것이다. 실제 현대백화점은 네이버쇼핑과 제휴를 맺고 라이브 커머스인 '백화점 윈도 라이브'를 진행해 기존 매출 대비 큰 폭의 매출 성장세를 보이고 있는 중이다.

라이브 커머스는 스트리밍 비디오와 이커머스가 결합한 새로운 개념으로, 이커머스에서도 오프라인에서 직접 대면·소통하는 경험과 유사한 서비스 제공이 가능하다는 점에서 상당한 장점과 경쟁력을 가진 서비스로 평가받고 있다.

D2C

D2C(Direct to Consumer)는 중간 유통상, 오프라인 매장, 온라인 플랫폼을 거치지 않고 기업과 소비자가 직접 대면해 구매하는 방식이다. 과거에는 제조업체로부터 납품받은 제품을 온·오프라인 도소매상을 거쳐 소비자에게 전달하는 복잡한 유통 단계(제조사 - 판매사 - 총판 - 도매상 - 소매상 - 소비자)를 거쳤지만, D2C의 구축으로 인스타그램, 유튜브 등 소셜 네트워크 서비스를 이용해 온라인 판매가 활성화되면서 고객과 직접 소통하고 중간 유통 단계를 거치지 않고 자사 판매 플랫폼으로 유도, 판매하는 비중이 높아지고 있다. 코로나19로 촉발된 주요 생활필수품의 수요 증가와 공급 부족으로 기존에 쇼핑하던 대형 유통업체에서 필요한 제품을 구입하지 못한 소비자들이 D2C 브랜드로 눈을 돌린 것이다. 코로나19가 그간 사용해보지 않았던 D2C 브랜드를 시도하는 계기가 됐다고 볼 수 있다.

최근 몇 년 동안 소비자 가치 경험이 화두로 떠오르고 있다. Salesforce의 보고서에 따르면, 84%의 고객이 "기업이 제공하는 경험이 제품이나 서

미국 D2C 시장 규모

단위: 10억 달러, %

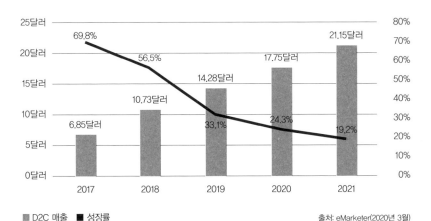

■ D2C 매출 ■ 성장률

출처: eMarketer(2020년 3월)

비스만큼 중요하다."라고 답했다. 73%의 고객은 "한 번의 특별한 경험이 생기면 다른 기업에 대한 기대치도 높아진다."라고 응답했다. 이 때문에 D2C 마케팅 비중을 늘리는 기업이 늘고 있다.

D2C 마케팅은 기업이 최종 고객에게 직접 제품을 판매하는 마케팅으로, 디지털 채널 공급망에서 중간 상인을 배제한다. 향후 5년 이내에 미국 인터넷 사용자의 40%는 D2C 브랜드에 대한 구매가 전체 온라인 구매의 최소 40%를 차지할 것으로 예상된다. Glossier, Warby Parker, BirchBox, Allbirds, Casper 등 이미 D2C 마케팅 접근법을 사용하고 있는 회사가 많다. 또한 나이키처럼 D2C 접근 방식으로 마케팅 전략을 전환하고 있는 회사들도 늘어나고 있다. 가치 경험이 중요해지고 있는 만큼 업계에서 높은 경쟁력을 유지하려면 고객 경험을 개선하고 고객과의 관계를 강화할 수 있는 기회를 찾는 것이 중요하다. 소셜 미디어와 같은 디지털 플랫폼을 이용해 소비자가 제품을 구매함으로써 경험하게 될 가치가 어떤 것인지 보여줄 수 있어야 한다.

D2C 기업의 대표적인 사례로 '룰루레몬'을 들 수 있다. 요가복 전문 판매업체인 미국의 룰루레몬은 온·오프라인 통합 직접 판매 비중이 90%에 달하고 있다. 현재 직접 판매의 강점을 가장 잘 활용하고 있는 기업 중 하나다. 자사 홈페이지에서 상품을 구입한 후, 근처 직영 오프라인 매장에서 1시간 내 바로 구입 상품을 가져갈 수 있는 서비스인 'Buy online, pick up in store' 캠페인을 진행하기도 했다. 현재 온라인 직접 판매 채널이 전체 매출액의 26.8%까지 상승하는 실적을 달성했다.

이커머스 마케팅 플랫폼 기업 얏포(Yotpo)가 2020년 3월에 실시한 설문 조사 결과, 코로나19로 아마존 이용고객의 65%가 아마존에서 원하는 것을 구입하지 못했거나(32.75%) 일부 품목을 구입하지 못했다(32.25%)고 응

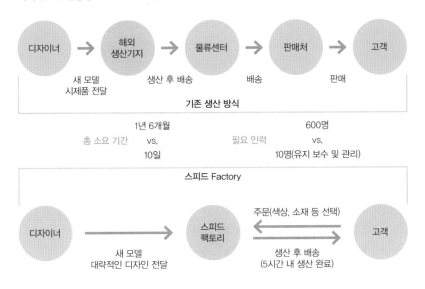

아디다스 무인공장 '스피드 팩토리'

출처: 딜로이트 분석 자료

답했다. 설문 참가자의 40.55%가 필요로 하는 상품이 매진됐을 경우, 접해보지 못한 새로운 브랜드를 구입할 의사가 있다고 밝혔다. 소비자들은 D2C 브랜드를 좀 더 친근하게 느끼며, 온라인계의 소상공인으로 여기고 있다. 각각의 D2C 브랜드가 지니고 있는 독특한 개성과 가치, 웹사이트와 소셜미디어 등을 이용해 소비자와 직접 소통하는 마케팅 방식의 특성이 밀레니얼과 Z 세대의 소비 심리를 자극하는 데 성공했다. 최근 코로나19로 소셜미디어를 이용하는 시간이 길어지면서 온라인 유저가 D2C 브랜드 광고 및 관련 콘텐츠를 접하는 빈도가 높아지고 있다. 코로나19로 촉발된 경제위기로 소기업과 자국 브랜드 선호도가 상승한 것도 D2C 브랜드들에게는 기회가 될 것으로 예상된다.

코로나19로 매출이 급상승한 D2C 브랜드 중 유아식 및 비타민 브랜드 Little Spoon은 25~35가지 메뉴의 유기농신선 식재료를 활용해 조리한 유아식을 가정 배달해 주는 서비스를 제공하고 있다. 2017년 말 출시 이후, 2019년에 200만 개 이상의 유아식을 판매했다. 코로나19로 창사 이래 최대 주문량을 기록했으며, 수요에 발맞춰 빠른 속도로 생산량을 늘리고 있다. 재택근무를 하면서 직접 육아를 해야 하는 맞벌이 부부가 유아식을 준비할 시간을 확보하지 못하면서 주문이 급증한 것으로 분석된다. Little Spoon은 3만 5,000인분(10만 달러 상당)의 유아식을 비영리단체 등에 기부하기도 했다.

Tula는 2014년 뉴욕에서 탄생한 고급 스킨케어 브랜드로, 유해 성분을 제거하고 슈퍼푸드와 발효 성분 등을 첨가한 제품으로 구성돼 있다. 코로나19의 여파로 2020년 4월 매출이 전년 동기 대비 400% 증가했다. 고객 중 75%가 35세 미만의 연령층이며, 소비자들이 코로나19로 가정에 머물면서 건강과 웰니스에 투자하는 것이 매출 확대의 요인으로 분석된다.

03

언택트 비즈니스 시대를
앞서 가기

비즈니스 모델 속에서 진주를 캐자

"비즈니스 모델 혁신은 자원이 부족한 신생 기업이 승리하고, 위기에 빠진 기존 기업이 재기할 수 있는 유일한 방법이다."

– 게리 하멜(Gary Hamel, 런던비즈니스스쿨 교수)

"비즈니스 모델이 무엇인가?"라고 물어보면 대개 "수익모델"이라고 대답한다. 즉, 어떻게 수익을 창출하는지에 관한 것이라고 생각하고 있다. 비즈니스 모델은 수익 창출을 포함해 시장과 경영이라는 폭넓은 관점에서 비즈니스를 바라보고자 하는 것이다. 비즈니스 모델 분야의 베스트셀러 《비즈니스 모델의 탄생》에서는 '비즈니스는 조직이 가치를 창출하고 전달하고 획득하는 원리'라고 정의하고 있다. 좀 더 자세히 설명하면, 비즈니스 모델은 '고객에게 가치를 전달하는 활동, 수익을 획득하는 구조의 통합적

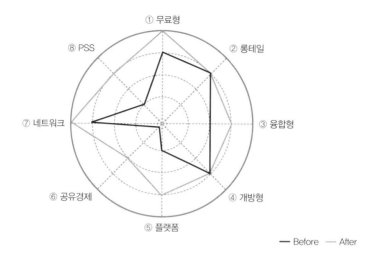

메커니즘'을 의미한다.

결국 새로운 비즈니스 모델은 고객에게 가치를 전달하는 활동, 수익을 획득하는 구조를 새로운 메커니즘으로 구축한 것이다. 인터넷뿐 아니라 ICT, 기술, 융합, 개방, 연결, 참여, 세계화, 지속 가능성 등의 기술적·사회적 동인으로 기업의 규모가 커지고 경영 구조가 복잡해지면서 많은 새로운 형태의 비즈니스가 등장했다. 비즈니스 모델의 유형에 대해서는 다음의 분류를 비롯해 다양한 관점과 형태가 제시되고 있다. 여러 분류 체계 가운데 대표적인 몇 가지만 정리해본다.

무료형 비즈니스 모델

어떤 고객에게 제품이나 서비스를 염가 또는 무상 제공하고 다른 고객이나 제품 또는 서비스에서 수익을 확보하는 유형이다. 무료형 비즈니스 모델은 다음과 같이 적용할 수 있다. 먼저 이용자의 관심과 정보를 활용해 제3의 고객에게 수익을 창출한다. 검색 서비스를 무료로 제공하고 온라인 광고나 빅데이터에서 수익을 얻는 구글과 같은 포털 기업이 대표적인 사례다. 후속 또는 반복 판매를 위한 기반을 구축할 수도 있다. 면도기는 저가로, 면도날은 고가로 판매하는 질레트와 쉬크가 대표적인 사례라고 할 수 있다. 기본적인 것은 무상 또는 추가, 고급은 유상으로 제공하는 서비스도 가능하다. 유튜브가 광고를 보는 무료 서비스와 광고가 없는 유료 서비스를 제공하는 것이 대표적인 사례다.

롱테일 비즈니스 모델

구매 비중이 낮은 수많은 소액 고객이나 판매 빈도가 낮은 수많은 틈새 상품 거래에 주력하는 유형을 '롱테일 비즈니스 모델'이라고 한다. 롱테일이라는 용어를 최초로 사용하고 롱테일 이론을 최초로 정립한 크리스 앤더슨(Chris Anderson)은 미디어 산업 변화에 주목하면서 "소수의 히트상품을 대량 판매하던 방식에서 다수의 틈새상품을 소량 판매하는 형태로 변할 것"이라고 말했다. 이 모델은 다품종 소량의 제품을 자체적으로 개발해 생산 또는 판매할 수 있으며, 외부에서 개발한 다품종 소량의 제품을 자체적으로 생산해 판매할 수도 있다. 또한 외부에서 개발하고 생산한 다품종 소량 제품의 판매를 중개할 수도 있다. 인공지능과 3D프린팅은 제품의 영역을 개인 맞춤화하는 롱테일의 경향을 심화시킬 것이다. 저가 화장품 시장을 개척한 미샤나 더페이스샵 등이 대표적인 사례다. 이들은 '화장품은 비싸야 팔린다.'는 고정관념에서 과감히 탈피하고자 했고 기존 화장품 제조사들이 신경 쓰지 않던 저가 시장을 집중 공략해 끝내 성공했다.

융합형 비즈니스 모델

6차산업은 '농촌 융복합산업'이라고도 부른다. 이렇게 가치사슬과 산업이 다른 이질적 영역을 융합해 새로운 비즈니스를 창출하는 유형을 '융합형 비즈니스 모델'이라고 한다. 융합형 비즈니스 모델은 어떻게 발굴할 수 있을까? 제법 관련은 있지만 분리돼 있었던 가치사슬을 융합해 새로운 사업을 만들 수도 있고, 부분적으로 관련은 있지만 분리돼 있던 사업을 융합해 새로운 사업을 만들 수도 있다. 또한 관련이 없던 산업에 속한 사업들도 융합을 잘하면 새로운 사업이 될 수 있다. 의료와 관광이 결합한 의료 관광이 대표적인 사례다.

개방형 비즈니스 모델

많은 외부 파트너와 체계적 협력을 통한 개방형 혁신을 바탕으로 제품 및 서비스의 연구 개발을 촉진하는 유형이다. 개방형 혁신의 개념을 주창한 헨리 체스브로(Henry W. Chesbrough, U. C. 버클리 경영대학원 교수)는 "지식의 공유와 변화가 빠르게 이뤄지는 상황에서는 기업 외부에 있는 지식과 기술을 활용해야 더 많은 가치를 창출할 수 있다."라고 강조했다. 글로벌 기업이 가장 많이 시도하려는 새로운 비즈니스 모델은 바로 개방형이다. 연구의 99%는 외부 전문가로부터 확보하고 내부 연구원은 개발에 주력한 미국의 메드트로닉은 이와 같은 방식으로 매년 수십여 개의 신제품을 출시할 수 있었고, 2015년에는 글로벌 2위의 의료 기기 기업으로 성장했다.

플랫폼 비즈니스 모델

플랫폼 비즈니스 모델은 '공통적이고 반복적으로 사용하는 기반 모듈을 구축해 다양한 이해관계자가 편리하게 상호작용하도록 연결하는 유형'이라 정의할 수 있다. 애플, 구글, 마이크로소프트, 아마존, 페이스북, 알리바바, 텐센트 등과 같이 최근에 급성장한 스타트업의 대부분이 이러한 플랫폼 비즈니스 모델을 포함하고 있다.

플랫폼 비즈니스 모델은 어떻게 구축할 수 있을까? 가장 기본적인 것은 다수의 판매자와 구매자가 편리하게 거래할 수 있는 기반을 제공하는 방식이다. 이마켓플레이스나 음식 배달 등의 O2O 서비스가 대표적인 사례다. '모든 것은 플랫폼으로 통한다.'라고 말할 수 있을 정도다. 다수의 이해관계자가 참여하는 플랫폼 비즈니스 모델은 네트워크 효과가 발생되기까지는 수익 창출보다 가치 제공에 집중해야 한다.

공유경제 비즈니스 모델

공유경제 비즈니스 모델은 '소유가 아닌 사용의 개념을 바탕으로 다수의 소비자가 재화를 협업해 소비할 수 있도록 지원하는 유형'이라 정의할수 있다. 미래학자인 제레미 리프킨(Jeremy Rifkin, 《엔트로피》, 《노동의 종말》, 《소유의 종말》의 저자)은 "머지않아 소유의 시대가 막을 내리고 접근이 경제활동의 중심이 되는 시대가 열릴 것이다."라고 말했다. 소유 가치보다는 공유, 교환 및 재활용을 이용해 사용 가치를 극대화하는 일이 더 중요해진다는 것이다. 2011년 〈타임〉지는 자원 절약, 오염 저감, 불황 극복 등에 기여할 수 있다는 점에서 공유경제를 '세상을 바꾸는 10대 아이디어' 중 하나로 선정했다. 경기 침체기에는 구매력이 부족한 고객이 소유하지 않고도 사용할 수 있다는 점에서 중요한 의미가 있다.

네트워크 비즈니스 모델

네트워크 중심 기업이 글로벌 차원의 많은 업체나 개인을 제품 및 서비스 조달, 생산 등에 참여시키는 유형이다. 노동집약적 또는 비핵심적 업무를 단순히 아웃소싱하는 수준을 넘어 연구 개발, 생산, 판매, AS까지 글로벌 차원의 아웃소싱으로 발전하고 있다. 홍콩의 리앤펑은 완구와 의류 등을 OEM으로 납품하는 기업이다. 자체 공장은 없지만, 1만 5,000개의 협력업체 공장과 300여 개 고객이 참여하는 네트워크를 바탕으로 리바이스, 월마트, 디즈니 등에 납품하고 있다. 2013년에는 세계 최대 의류 공급 회사로 성장했다.

PSS 비즈니스 모델

제품에 서비스를 결합하거나 제품 판매를 서비스 제공으로 전환해 고객 생애 가치를 최대화하는 유형을 PSS 비즈니스 모델(Product-Service System Business Model)이라 한다. 여기서 고객 생애 가치란, '한 고객이 평생 한 기업에 제공할 것으로 예상되는 이익의 합계'를 의미한다. 단순히 제품을 판매하는 것에 그치지 않고 지속적인 서비스를 제공하면 고객 생애 가치를 제고할 수 있다. PSS 비즈니스 모델의 실행 방안은 다음과 같다.

첫째, 제품을 판매해 소유권을 이전하는 것이 아니라 임대해 사용하는 서비스로 전환하는 것이다. 고객이 가격에 부담을 느끼거나 효용에 대한 확신이 부족한 경우에 적합한 방법이다. 둘째, 간헐적인 판매가 아니라 지속적인 구독으로 전환하는 것도 한 가지 방법이다. 구독경제가 대표적인 예라 할 수 있다. 셋째, 제품을 단순히 공급해주는데 그치지 않고 전문 관리 서비스를 지속적으로 제공하는 방안도 있다. 기계나 장비에 센서를 부착하고 사물인터넷 기술을 활용해 유지 보수 서비스를 제공하는 것이 대표적인 사례다.

언택트 시대 생존 방법

미래를 움직이는 비즈니스의 맥

1인 가구 603만! 1인 가구가 늘어도 너무 빨리 늘고 있다. 2000년에 222만 가구, 2015년만 해도 500만 가구 초반이었던 1인 가구는 4년 만에 600만 가구를 훌쩍 넘어섰다. 1인 가구 증가는 결혼을 포기하거나 만혼 하는 청년층이 늘어난 것에 기인한다. 자녀를 다 키우고 '황혼 이혼'을 하는 사람이 많아진 것도 한 가지 요인이다. 최근 통계청이 내놓은 '2019년 1인 가구 고용 동향'을 보면, 2019년 10월 기준 1인 가구는 603만 9,000가구다. 1인 가구가 차지하는 비중도 높아졌다. 2019년에는 29.9%가 됐다. 1인 가구를 연령대별로 보면 전체 가구 가운데 50~64세 가구가 25.5%(153만 8,000)로 가장 많다. 이어 65세 이상이 25.3%(152만 6,000), 15~29세 18.4%(111만 2,000), 30~39세가 16.1%(97만 5,000), 40~49세 가구가 14.7%(88만 8,000) 순이다. 2019년 우리나라 총인구는 5,171만 명이며, 2028년 정점 이후 계속 감소할 것으로 전망된다. 2019년 중위연령은 43.1세로 나타났다. 2040년에는 54.4세로 매 10년마다 5~6세 가량 높아질 것으로 예상된다.

가구원 수별 가구 구성

	평균 가구원 수	가구원 수별 구성					
		1인	2인	3인	4인	5인	6인 이상
2000년	3.12	15.5	19.1	20.9	31.1	10.1	3.3
2005년	2.88	20.0	22.2	20.9	27.0	7.7	2.3
2010년	2.69	23.9	24.3	21.3	22.5	6.2	1.8
2015년	2.53	27.2	26.1	21.5	18.8	4.9	1.5
2016년	2.51	27.9	26.2	21.4	18.3	4.8	1.4
2017년	2.47	28.6	26.7	21.2	17.7	4.5	1.3
2018년	2.44	29.3	27.3	21.0	17.0	4.3	1.2

출처: 통계청, 인구 총조사

언택트 시대가 본격화되면서 다음과 같은 소비 및 사회 트렌드들이 생겨나고 있다. 전국적 코로나19 전파에 따라 구매패턴이 오프라인에서 온라인으로 전환되면서 구매의 디지털화가 빠른 속도로 진행됐다. 경제가 재개된다 하더라도 온라인으로 전환된 구매 패턴은 그대로 유지될 것으로 전망된다. 신선식품, 자동차, 가구 등 온라인을 이용한 제품 구매의 영역이 더욱 확대되고 성장함에 따라 온라인 소비자의 쇼핑을 돕는 인공지능과 증강현실 기술의 활용도가 더욱 높아질 것으로 예상되고 있다.

홈코노미 시대가 도래했다. 코로나19로 재택근무 전환이 이뤄졌으며, 가정에 머무는 시간이 코로나19 이전보다 훨씬 길어지고 있다. 학교들이 원격수업을 진행하고 있는 가운데, 이로 인한 학업 성취도 부진이 사회적 문제로 떠오르면서 가정 내에서 보충학습을 하거나 할 수 있도록 에듀테크 플랫폼과 프로그램이 인기를 끌고 있다. 집에서 보내는 시간을 더욱 편리하고 쾌적하게 보내려는 소비자의 욕구는 웰빙 가전과 스마트홈 수요로 이어지고 있다. 가정에 머물면서도 외부와 활발하게 소통하길 원하면서 소셜미디어와 화상채팅 플랫폼의 사용량 증가는 지속될 것으로 전망된다.

향후 완전한 경제 재개 이후에도 살균 · 소독의 일상화는 지속될 것이다. 코로나19로 급증한 세척 용품 · 손 소독제 수요는 포스트 코로나19 시대에도 과거보다 높은 수준을 유지할 것으로 예상된다. 공공장소 마스크 착용 의무화 시행으로 일회용 마스크와 천 마스크가 일상화됐으며, 많은 패션기업이 천 마스크를 출시하고 있다.

코로나19의 갑작스러운 변화와 위기로 정신 건강 유지 수요도 확대되고 있다. 격리와 실직, 뉴노멀 시대의 도래 등으로 정신적 스트레스와 정신질환 악화를 호소하는 사람들이 증가 일로에 있다. 이를 해소하기 위해 정신 건강을 관리하는 디지털 헬스 기기와 앱 사용량이 급증하고 있다. 향기,

음식, 셀프케어 등 간단하게 기분 전환이 가능한 컴포트 이코노미도 부상하고 있는 중이다.

Buy Local 트렌드도 확산하고 있다. 락다운으로 비필수 산업군의 영업이 제한되면서 소규모로 운영됐던 지역 비즈니스 살리기가 확산될 것이다. 코로나19로 인한 건강 염려와 글로벌 공급망 차질 등으로 더 많은 소비자가 로컬 브랜드를 구매하고 있다. 제조와 유통 과정이 짧고 투명한 식품 선호는 뉴노멀 시대의 트렌드로 정착되고 있다.

뉴노멀 시대 소비자들은 새로운 브랜드 구입을 시도하고 해외여행, 쇼핑몰 방문, 공연 관람 등과 같은 대면활동을 최소화하고 디지털라이프로 빠르게 전환할 것으로 예상된다. 이에 따라 언택트, 홈코노미, 웰니스, 컴포트 이코노미, 생활 방역, 디지털화 트렌드에 부합하는 상품 및 서비스의 개발 필요성이 증대되고 있다.

외식을 줄이고 가정 내에서 직접 요리를 하는 사람이 증가하면서 원하는 메뉴를 골라 식재료를 집으로 배달해주는 밀키트(mealkit) 제품의 인기도 높아지고 있다. 시장조사 기관 닐슨(Nielsen)에 따르면, 2020년 4월 11일 기준 한 달간 미국 시장의 밀키트 매출 규모는 1억 달러로, 전년 동기대비 400% 증가했으며, 코로나19 사태 이전인 2019년 12월에 비해 두 배로 늘어났다. 오프라인 식품 매장의 쇼핑이 어려워지고, 가정에서 요리를 하며 시간을 보내는 소비자의 요구에 부합한 제품으로 계속 성장하는 중이다. 코로나19로 어려움을 겪고 있는 외식업체들도 시장 기회를 포착하고, 판매하는 메뉴를 밀키트 상품으로 제작해 판매하기 시작했다.

네이버는 코로나19 사태로 이커머스를 이용한 생활필수품 구매가 크게 늘었다고 밝혔다. 스마트스토어 이용자도 2020년 3월 들어 1,000만 명으로 증가했다. 1분기 실적 발표 이후 열린 컨퍼런스 콜에서 "마케팅 수요 감소 측면에서 코로나19 사태는 분명 위기지만, 비대면서비스 활성화 측면에서는 기회 요인으로 작용하고 있다."고 언급했다.

사회적 거리두기 운동으로 오프라인 활동이 감소하면서 온라인 쇼핑 니즈도 증가하고 있다. 특히 생활필수품 구매가 증가했고 스마트스토어 거래액은 전년 동기 대비 56% 뛰었다. 올해 1월 기준 800만 명 내외로 소폭 증가하던 스마트스토어 이용자 수는 지난 2월 900만 명에서 3월 1,000만 명으로 증가했다. 특히 20대와 40대 구매자가 늘었다. 3월에 3만 7,000개의 스마트스토어가 신규 개설되면서 온라인 쇼핑 창업 열기가 이어지고 있다. 네이버는 파트너사와 제휴해 물류 배송 협력을 확대하고 있고 올 상반기 내 32만 스마트스토어 판매자가 라이브 툴을 이용해 라이브커머스에 나설 수 있도록 준비 중이다.

중소벤처기업부는 코로나19 이후 비대면 분야 벤처·창업기업 육성을 위해 정부 부처 최초로 비대면경제과를 2020년 5월 25일부터 설치해 운영하고 있다. 중기부의 자체 조사(2020. 5)에 따르면, 2020년 1분기 전체 신규 벤처투자가 전년 동기 대비 4.2% 감소한 반면, 비대면 분야의 벤처투자는 전년 동기 대비 21.7%가 증가한 것으로 나타났다. 또한 비대면 분야 벤처투자 기업의 평균 고용은 37.8명으로 대면 분야의 27.2명보다 높았으며, 벤처 투자 10억 원당 고용 인원도 비대면 분야가 5.5명으로 대면 분야(3.6명)보다 투자 대비 고용창출 효과가 높은 것으로 나타났다. 이와 같이, 비대면 분야 투자와 고용이 증가하는 가운데 중기부는 비대면 경제 활성화를 선제적으로 대응하기 위해 발빠르게 움직이고 있다. 이 지표에서 엿볼 수 있는 것처럼 최근 들어 비대면 비즈니스 창업의 효율이 대면창업에 비해 높게 나타나고 있다.

2018년 통계청에서 발표한 자료에 따르면, 우리나라의 취업자 대비 자영업자의 비율은 25.4%로, 미국의 4배나 되는 수치를 기록했다. 그만큼 창업을 꿈꾸는 사람이 많다. 눈여겨볼 점은 우리나라 자영업자의 평균 연령은 53세로, 50세 이상 자영업자의 비중이 높은 것으로 나타났다. 은퇴 후 생계를 위해 창업하는 이들이 많아 이런 결과가 나타난 것이다. 반면 젊은 자영업자, 특히 10대는 통계에도 포함돼 있지 않을 정도로 창업 비중이 낮다.

우리들 중 대다수는 잠재 창업가다. 현재 직장생활을 하는 사람도 향후 연금 생활자로 노후를 보낼 사람 외에는 거의 모두 외식업, 소매업, 서비스업 등으로 1인 창업 또는 공동 창업을 하게 될 것이다. 세상을 살아가는 방법은 직장인으로 살거나 창업해 스스로 일자리를 만드는 방법뿐이다.

지금 혹은 가까운 미래에 신규 창업을 준비하고 있다면 인구 구조의 변화와 최근 부상하거나 이미 확산 중인 트렌드를 중·장기적으로 꾸준하게 예의주시하는 것이 좋다. 내가 구상 중인 비즈니스가 속한 산업과 관련된 모든 트렌드를 감안해 코로나19 등으로 어떤 변화가 있을지 깊이 생각해봐야 한다. 이를 위해서는 트렌드의 개념부터 차근차근 이해하는 것이 좋다. 트렌드는 지속 기간과 대상 범위에 따라 패드, 트렌드, 메가트렌드 등으로 구분된다.

트렌드는 다음과 같은 방법으로 찾는다.

- 항상 새로운 장소, 아이템, 현상에 주목할 필요가 있다.
- 사소하고 작은 변화에도 관심을 가져야 한다.
- 당연하다고 생각하는 것에 "왜(why?)"라고 질문해야 한다.
- 작은 변화, 현상, 상품에 대한 대중의 반응을 살펴봐야 한다.
- 관찰 결과를 하고 있는 일, 관심사와 연결시켜봐야 한다.

소셜 네트워크 서비스에서 회자되는 핫플레이스, 전시회, 박람회, 대형 서점 등을 수시로 방문해보는 것도 좋은 방법이다. 핫플레이스의 트렌드세 터들로부터 트렌드가 생성돼 확산되는 경우가 매우 많기 때문이다. 행사장 은 트렌드 서치를 할 수 있는 '보고(寶庫)'다. 수동적으로 관람하기보다 행 사 정보 앱 등을 설치해 각종 행사 일정을 미리 체크하고 유사 주제 행사 에 지속적으로 참가하면서 트렌드 동향을 살피는 것이 좋다. 서점에 가서 는 매년 쏟아져 나오는 트렌드 전망 서적을 발췌독하면서 맹목적 수용을 지양하고 나의 비즈니스와 결부시켜 재해석해보기 바란다.

여러 유용한 사이트를 이용해 관심 정보를 꾸준히 살펴보는 것도 추천 한다. 썸트렌드(some.co.kr)는 최근 소셜 네트워크 서비스에 게재된 텍스트 를 분석하는 프로그램이다. 네이버의 데이터랩과 구글 트렌드도 유용하다. 검색량과 키워드를 조회하는 '자비스'도 이용하기 쉽다. '빅풋9'은 페이스 북 트렌드 분석 사이트로, 관련 모니터링이 필요한 이들에게 유용하다. 구 글 알리미와 플립보드, 피들리 등과 같은 뉴스 클리핑 서비스를 이용해 관 심 정보를 꾸준히 탐독하는 것도 추천한다. 빅카인즈(bigkinds.or.kr)는 뉴스 분석도 가능하다.

지식이 많은데도 부정적인 경향이 있는 사람과 열심히 일하더라도 성격 이 우유부단하면 창업에 도전한다 하더라도 성공하기 어렵다. 세상을 보는 눈과 살아오면서 형성된 성격, 습관 등은 창업가에게 중요한 요소다. 수십 여 년에 걸쳐 형성된 성격을 단기간에 수정하긴 어렵다. 나의 단점을 최소 화하고 장점을 극대화하는 방안이 최선이다. 창업을 하거나 직장생활을 할 때에도 나 자신이 변하면 주변도 변한다. 비즈니스와 창업에서 성공하려면 먼저 나 자신을 객관적으로 응시할 필요가 있다. 현명한 창업가로 거듭나 기 위해서는 좋은 인간관계를 구축해야 한다.

19세기 미국에서 금광이 발견된 지역으로 사람이 몰려들었던 현상을 '골드러시'라 불렀다. 당시에 무려 10만 명 이상이 몰렸다고 한다. 이로부터 본격적인 서부 개척 시대가 열렸다. 물론 그때도 성공한 사람보다 실패한 사람이 훨씬 많았다. 그러나 실제 금을 채취한 사람도 많았고 금을 찾으러 갔다가 새로운 비즈니스 모델을 발견해 목표를 바꿔 부자가 된 사람도 있었다. 리바이 스트라우스(Levi Strauss, 1829~1902)는 천막 천으로 바지를 만들어 팔면서 청바지의 창시자가 됐다.

지금 도래한 언택트 시대도 그때와 다르지 않다. 준비된 창업가에게는 언택트 비즈니스가 열린 기회의 땅이 될 것이다.

'개와 늑대의 시간'

빛과 어둠이 서로 자리를 바꾸는 해질녘, 온 세상이 붉게 물들고 사물의 윤곽이 흐려지는 오묘한 무렵이다. 언덕 너머 저편에서 내게 빠른 속도로 다가오는 실루엣이 보인다. 하지만 나의 사랑스런 반려견인지 나를 해치려는 늑대인지 분간하기 어렵다. 우리는 지금 가족과 다름없는 애견이 늑대처럼 낯선 섬뜩한 시간일 수도 있고, 위협적인 대상이 부드럽고 친숙하게 보일 수도 있는 시간에 처해 있다.

코로나19를 앞세워 맹렬한 속도로 다가오는 언택트 비즈니스는 나를 행복하게 할 반려견인가, 나를 해치러 오는 늑대인가? 우리가 정신을 차리고 눈을 크게 뜨고 똑바로 본다면 반려견을 늑대로 착각하고 지레 공포에 질리는 일은 발생하지 않을 것이다.

변화하는 미래, 바라만 볼 것인가? 선점할 것인가?

"나는 실패하더라도 그걸 후회하지 않으리라는걸 알았다. 시도하지 않는다면 후회하리라는 것도 알았다." - 제프 베조스(Jeff Bezos, 아마존 창업자)

언택트 마케팅이 필수인
시대가 도래하다

언택트 시대가 도래했다. 이에 개인과 기업은 언택트 업무 수행 방식에 적응하는 것이 필수 조건이 돼버렸다. 내외부 환경 또한 빠르게 변하고 있어 이슈와 트렌드 파악은 그 어느 때보다 중요해지고 있다. PART 4에서는 2020년 국내외적으로 포착한 언택트 시대의 대표적인 여섯 가지 키워드와 불확실한 상황에 대응해 경쟁 우위를 확보한 사례들을 알아본다.

언택트 마케팅!
주류 키워드가 되다

언택트 기술은 코로나19 극복 이후에 다가올 새로운 경제 지형으로써 각 분야에서 중요한 핵심 축으로 자리잡고 있는 중이다. 언택트는 '비접촉' 은 물론 '유용성'과 '편의성'까지 동반하고 있어 전 세계의 메가트렌드로 자리잡을 가능성이 높다. 비즈니스 가치사슬(value chain)이 급격히 재편되고 사회적 가치와 경제적 가치에 대한 관점이 달라질 것이다. 전통적인 산

업과 대면 서비스업은 축소되고 첨단 기술을 기반으로 한 '언택트(비대면) 산업' 중심으로 재편될 것이다. 새롭게 변화된 환경이라면 이에 맞는 가이드라인을 만들어야 하고 고객과의 접점뿐 아니라 다양한 서비스 활동 영역에 걸쳐 언택트 기술의 도입을 모색해야 한다. 언택트는 잠시 머물렀다가 사라지는 것이 아니다. 새로운 패러다임 전환으로 인식하고 우리들의 일상생활에 적용해야 한다. 급속한 변화가 가져다주는 혼란과 두려움이 상존하지만, '언택트'를 넘어 온라인 연결을 뜻하는 '온택트' 사회로 재편되고 있다는 것을 알아야 한다. 그럼 여기서 언택트 기술이 일생생활 속에 깊숙이 자리매김하면서 이슈가 되고 있는 주류 키워드를 살펴보자.

밀레니얼 세대에 주목하다

"A 씨는 20대 중반의 청년이다. 오전 9시 기상! 제일 먼저 스마트폰 스크린 화면을 보며 잠을 잘 잤는지 생체 리듬 앱을 살펴본다. 그다음 어떤 일과가 있는지 일정 앱을 살펴보면서 우선 해야 할 일과 미뤄야 할 일을 결정한다. 그다음으로 메일과 소셜 네트워크 서비스를 확인하면서 하루를 시작한다. 귀에는 무선 이어폰을 끼고 블루투스를 연결한 후 현관문을 열면서 어제 인기 있었던 게임 채널 동영상을 살펴본다."

매일 이런 행동 패턴으로 하루를 시작한다면 당신은 밀레니얼 세대일 가능성이 높다.

밀레니얼 세대(Millennial Generation)는 닐 하우(Neil Howe)와 윌리엄 스트라우스(William Straus)가 1991년에 집필한 《세대들, 미국 미래의 역사》

에서 처음으로 언급했다. 밀레니얼은 1982~2000년 사이에 태어난 신세대로, 정보 기술에 능통하고 소셜 네트워크 서비스를 능숙하게 다룬다. 눈부신 경제 성장과 IT 기술의 발전, 높은 대학 진학률 등 역사상 가장 똑똑하고 풍요롭게 자란 희망적인 세대이기도 하다. 욜로(YOLO), 소확행(소소하지만 확실한 행복), 워라밸('워크라이프 밸런스'를 줄인 말로 일과 생활이 조화를 이루는 상태), 가심비(가격 대비 마음의 만족도) 등과 같은 신조어는 이 세대를 대표하는 용어다. 밀레니얼 세대는 삶의 대부분을 데스크톱 컴퓨터, 노트북, 스마트폰 기기와 함께 해왔기 때문에 현시대를 대변하는 '디지털 세대'라고 볼 수 있다. 뉴미디어에 익숙한 이들은 학업, 게임, 영상 시청 등이 동시에 가능한 '멀티태스킹' 능력이 탁월하다. 자기만족과 자유로움을 의미하는 힙합의 '스웨그(SWAG)'스러운 성향도 함께 지니고 있다.

언택트 시대의 기업은 밀레니얼 세대를 확실하게 포지셔닝하는 데 주목해야 한다. 이들은 호기심이 앞서며 자신의 취향과 개성을 중시하고 불확실한 미래보다는 현재의 행복을 위한 소비를 우선시한다. 그렇다고 무분별한 소비 성향을 추구하는 것이 아니라 나에게 유익하고 재미있는 소비를한다. 언택트 기술은 대면 서비스를 부담스러워하는 이들에게 최적화된 환경이 아닐 수 없다. 현재 주 핵심 소비층으로 언택트 기술이 지원되는 서비스 업종에서 광범위하게 활용하고 있다. 국내의 밀레니얼 세대는 전체 인구의 21%를 차지하고 있으며, 전 세계적으로 약 1/4 정도가 밀레니얼 세대다. 앞으로 이들의 영향력은 더욱 커질 것이다.

코로나19가 언제 끝날지 알 수 없는 상황에서 저성장과 경기 침체의 위기가 겹쳐 기업 경영 환경이 총체적 난국에 빠질 우려가 높다. 따라서 밀레니얼 세대를 주 핵심 고객층으로 흡수해야 한다. 이들의 소비 경향, 개성, 생각 방식, 생활 패턴 등을 이해하는 것이 필요하다.

1. 밀레니얼 세대는 인터넷 발전과 함께 자라온 이들로, 디지털 기기와 친숙하다. 기존 세대와 다른 모습을 보여주고 있으며 자신감이 넘치고 자기애가 강하다. 이들의 사고방식 및 라이프스타일을 파악하는 것이 중요하다.

2. "왜! 이런 맛을 즐겨, 이상하네. 우리! 취존하자." 여기서 취존은 '취향 존중'의 준말이다. 밀레니얼 세대는 다른 사람의 감정을 존중하고 밀접하게 연결해 수평적 커뮤니케이션하는 것을 선호한다. 어떤 사회적 소속이나 조건으로 규정하는 것을 거부하고 삶의 방식과 취향이 그대로 받아들여지길 원한다. 밀레니얼 세대가 소비 트렌드를 주도하는 주축으로 떠오르고 있는 상황에서 이러한 경향을 경영 활동에 반영하기 위해 노력하는 것이 필요하다.

온라인 화상 라이브 커머스로 상품을 구매하다

"B 씨는 30대 중반의 여성 직장인이다. 최근에 구매하려고 생각했던 자기 그릇을 검색하고 있다. 네이버 쇼핑에서 N페이로 상품을 자주 구매해서 정보 탐색 후 구매하려고 생각 중이다. 네이버 쇼핑에서 검색해보고 블로그에 올라온 글을 살펴보다가 셀렉티브에서 진행하는 실시간 스트리밍 방송 채널을 보게 된다. TV 홈쇼핑 채널 같은 느낌이 들지만, 참여자와 함께 실시간으로 소통하며 직관적인 동영상으로 자세하게 상품 정보를 제공해주고 있다. 구매하고자 하는 상품에 대한 관심사항을 생생하고 재미있게 시청한 후 상품 URL을 클릭해 구매한다."

언택트 환경 속에서 사회적 거리두기 문화 확산은 소비자들로 하여금 비접촉 구매 방식을 선호하게 만들었다. 학교, 회사에서 온라인 화상 라이브로 진행되는 요즘, 유통업계는 발빠르게 라이브 커머스를 활용해 상품

판매 전략을 바꿨다.

여기서 라이브 커머스(Live Commerce) 란, 오프라인 매장 상품을 유튜브나 실시간 동영상 앱으로 소개하고 판매하는 방식을 말한다. 라이브 커머스는 스트리밍 비디오(Streaming Video)와 이커머스(e-commerce)가 결합된 새로운 용어다. 언제 어디서나 접속해 상품 정보를 얻고 구매할 수 있는 쌍방향 미디어 커머스라고 볼 수 있다. 동영상 라이브 콘텐츠는 사실적인 몰입감이 높고 참여자들과 실시간 채팅이 가능하다. 또한 즉시 소통할 수도 있다. 최근에는 동영상에 오락성과 재미가 반영된 엔터테인먼트적인 콘텐츠를 제작하고 있어 반응이 뜨겁다. 앞으로 동영상 라이브 방송은 소비자들이 즉시 반응하고 소통할 수 있는 채널로 수요가 급격히 증가할 것이다. 라이브 커머스는 대세일 수밖에 없다. 유통업계는 비대면 채널 위주의 사업으로 재편될 가능성이 높다.

대표적인 라이브 커머스로는 네이버의 셀렉티브 앱을 들 수 있다. 네이버 쇼핑의 스마트스토어 판매자라면 누구나 동영상 서비스를 이용할 수 있다. 고객과 라이브 채팅, 상품 사전 태깅, URL 공유 기능도 가능하다. 카카오TV의 '톡딜라이브'와 티몬의 '티비온(TVON)'은 양방향 라이브 커머스 플랫폼으로 인기를 얻고 있다.

네이버 셀렉티브

1. 라이브 커머스는 비대면으로 이뤄지는 새로운 형태의 판매 방식이다. 전통시장, 중소기업, 소상공인, 대형 유통업체, 제조업체 등은 라이브 커머스를 효과적으로 활용해 매출 신장의 기회를 확보해야 한다.

2. 언택트 소비 문화의 확산으로 오프라인 매장 방문이 줄어들고 있다. 이에 대한 대안으로 라이브 커머스를 효과적으로 활용하는 것이 필요하다. 오프라인 매장에 진열된 상품을 실시간으로 소개하며 즐거움과 현장감을 동시에 만족시킬 수 있기 때문이다.

3. 소비자와 판매자가 함께 쇼핑하는 것처럼 간접 체험을 도와주고 쌍방향 소통으로 상품 정보를 시각적으로 극대화해 보여줄 수 있다.

언택트 시대가 앞당긴 디지털 전환이 오다

"C 씨는 밀레니얼 세대의 30대 가정주부로, 스마트폰에 앱이 50여 개 정도가 다운로드돼 있다. 오늘은 각종 공과금을 내는 날이다. 스마트폰의 스크린에서 금융그룹에 있는 N은행 앱을 실행한다. 생체인식을 이용해 간편하게 로그인한 후, 단 몇 번의 클릭으로 공과금을 처리한다. 그런 다음 최근에 구매한 로봇청소기에게 '청소 시작해.'라고 지시한다. C 씨는 편안하게 의자에 앉아 커피를 마신다. 지난 주부터 회사에 유연근무제를 신청해 노트북으로 화상회의를 하면서 주어진 프로젝트를 진행한다."

가전제품에는 다양한 센서가 탑재돼 있어 가정주부의 충실한 비서 역할을 하고 있다. 밀레니얼 가정주부가 짊어져야 할 고된 집안일이 급속하게 발전하는 ICT와 인공지능 기술의 혜택으로 한결 수월해졌다. 디지털 전환의 초고속 스트리밍 환경 속에서 더욱 편리하고 윤택한 삶을 영위하고 있다.

디지털 전환(digital transformation)은 제4차 산업혁명의 실현으로 '아날로그에서 디지털로', '전통적인 것에서 현대적인 것으로', '버튼에서 터치로, 터치에서 생체 인식으로' 바뀌는 것을 의미한다. 디지털 트랜스포메이션(Digital transformation, DT 또는 DX)이라고도 부른다. 사물인터넷, 클라우드 컴퓨팅, 인공지능, 빅데이터 솔루션 등을 구축하고 이를 활용해 기존의 전통적인 운영 방식과 사회구조를 혁신하는 것이다. 디지털 전환은 새로운 가치의 전환이자, 변화이자, 혁신이다. 서서히 진행되던 최첨단 기술은 언택트 산업의 거대한 파고로 급속히 발전할 것이다. 우리들의 일상생활에 더 한층 가깝게 다가올 것이 분명하다. 기업은 언택트 시대의 도래로 절체절명의 순간에 놓여 있다. 고객의 기대 가치가 달라지고 있는 상황에서 디지털 전환이 가능한지 반드시 고려해야 한다.

Tip Box

1. 디지털 전환은 급진적이고 새로운 것이 아니다. 오래전부터 존재하고 있었고, 현재까지 이어져 내려오고 있는 변화일 뿐이다. 기업은 우선 필요한 것이 무엇인지 체크하고 차근차근 진행하는 것이 중요하다.

2. 디지털 전환은 기업의 입장에서 내·외부 고객 모두에게 만족감을 줘야 한다. 내부 고객인 직원들에게는 높은 업무 효율성, 외부 고객인 소비자들에게는 기대 가치 향상에 초점을 맞추는 것이 중요하다.

3. 언택트 시장 경제의 도래로 생산비 절감, 안전성 확보, 사용자의 편의성 제고가 무엇보다 중요해지고 있다. 디지털 전환으로 불현듯 찾아오는 위기 상황을 극복하는 전략 수립이 필요하다.

고객이 비대면 유통으로 상품을 구매하다

"D 씨는 29살의 프로그래머다. 평소에는 집 근처에 있는 마트에서 생활필수품을 구매하고 업무로 바쁠 때는 쇼핑 앱으로 주문한다. 코로나19로 외출이 줄어들고 유연근무제로 집에서 일하는 시간이 늘어나자 스마트폰에 다운로드한 다양한 쇼핑 앱으로 주문하는 횟수가 늘어났다. 오늘은 어떤 앱으로 주문할까? G마켓 앱에서는 청바지, E-MART 앱에서는 여름 이불을 주문한다.

한 주가 빠르게 지나고 어느덧 토요일이 됐다. D 씨는 친구들을 만나고 싶었다. 한 달 동안 친구를 만나지 못했기 때문이다. 기분 전환의 시간을 갖지 못해 몸과 마음이 무겁고 우울하다. 점점 방콕족이 돼가면서 혼자 식사를 해결하는 시간이 늘어나고 있다. 갑자기 삼겹살이 먹고 싶어졌다. 집 밖으로 나가 친구들과 삼겹살을 먹고 싶었지만, 감염 우려로 외출하지 못하는 상황에서는 꿈같은 이야기다. 어쩔 수 없이 당일 배송을 해주는 쿠팡 앱에 들어가 삼겹살과 쌈채소를 주문했다."

언택트 시대 생존 방법

비대면이 경제활동에 중요해지는 시대가 되면서 소비자들은 일상생활이 집안에서 이뤄지고 외출이 줄어들었다. 어떻게 보면 코로나19 바이러스 여파로 큰 지각 변동이 일어난 곳이 유통업계라고 볼 수 있다. 전혀 예상할 수 없는 외부 환경의 변화로 유통업계는 큰 타격을 입었다. 한 시즌이 지난 할인 매장에도, 매일 긴 줄이 늘어서는 음식점도, 인기 브랜드 상품 매장도 사라졌다. 소비자의 구매 행동 패턴이 바뀌었다면 유통업계도 비대면에 맞는 전략을 세워야 한다. 포스트 코로나19 이후 상황이 종료되고 오프라인에서 대면 접촉을 통한 상품 구매가 이뤄지겠지만, 언택트 상황에서 디지털 기술의 간편성과 편의성을 경험한 소비자는 지속적으로 사용할 것이다. 언택트는 뉴 노멀의 새로운 일상으로 자리잡을 가능성이 높다.

현재 코스트코, 홈플러스, 현대백화점 등과 같은 대형 유통업체는 언택트 상황을 극복하기 위해 내외적으로 변화를 꾀하고 있다. 즉, 소비자의 라이프스타일 트렌드 변화에 맞춰 쌍방향으로 소통할 수 있는 환경을 만들고 있다. 대면 접촉을 꺼리는 소비자를 위해 온라인 가상 매장을 만들거나, 입체감 있는 3차원 화면 디스플레이로 상품을 배치해 다양한 볼거리와 쇼핑 경험 콘텐츠를 제공하고 있다. 언택트 기술은 대형 업체들만 적용할 수 있는 것이 아니다. 현재의 환경에 다른 관점으로 접근해 새롭게 접근하면 비즈니스 기회가 찾아온다.

유통업계는 소비자의 라이프스타일 변화와 디지털 경제에 맞는 시장환경에 적응하기 위해 언택트 기술을 적극적으로 도입해야 한다. 불완전한 시장 환경 속에서 생존율을 높이는 기회이기 때문이다. 오프라인 매장을 운영하는 소상공인이라면 대면 접촉에 대응할 수 있는 시스템을 도입할 필요가 있다.

1. 주차 공간이 있다면 사전에 주문을 받아 상품을 제공하는 '드라이브 스루' 또는 '워킹 스루'를 적용할 수 있다.
2. 오프라인 식당이라면 입구에 키오스크를 설치해 접촉을 최소화할 수 있다. 음식 패키지를 만들어 배달 앱을 적극적으로 활용할 수도 있다.
3. 온라인 쇼핑몰 사업자라면 라이브 화상 방송을 도입할 수 있고, 챗봇 서비스로 상담을 진행해 매출을 올릴 수도 있다.

홈코노미, 집에서 보내는 것이 진정한 휴식이다

"P 씨는 50대 중반의 남성으로, 항공사에 근무한다. 코로나19로 항공 업계가 직격탄을 맞게 되면서 휴직계를 내고 집에서 보내는 시간이 많아졌다. 외부 활동을 자제하는 집콕족이 돼버린 것이다. 평상시에는 헬스장에 가거나 근처 공원에서 걷기 운동을 했지만, 코로나19로 일상생활이 확 바뀌어 버렸다. 헬스장이 폐쇄돼 근력 기구를 다룰 수 없게 됐고 외출도 쉽지 않다. 어쩔 수 없이 실내에서 운동할 수 있는 장비를 구매하기로 했다. 첫 번째로 구매한 것은 다양한 피트니스 및 헬스 모니터링 기능을 지원하는 스마트워치다. 실제 트레이너의 서비스를 받는 것 같은 느낌은 아니지만, 최소한 나의 운동 정보를 체크해볼 수는 있다. 두 번째로 구매한 것은 집에서 손쉽게 운동할 수 있는 모니터를 장착한 고정식 실내용 자전거다. 뒷바퀴에 고정대가 있어 페달을 마음 놓고 밟을 수 있다.

P 씨에게는 12살 딸이 하나 있다. 두 달 동안 학교에 가지 못해 온라인으로 강의를 들으며 집콕 생활에 익숙해지고 있다. 최근에는 명화 그리기에 흠뻑 빠져 외국의 유명한 작가를 많이 알게 됐다고 자랑한

다. 점심식사를 하고 나자 12살 딸이 함께 테니스를 치자고 닦달한다. 어쩔 수 없이 TV에 닌텐도 스위치 게임 기기를 연결해 테니스 게임을 했다. 홈 트레이닝 기능이 탑재돼 있어 가족과 함께 즐길 수 있다. 딸은 '애슐리 바티' 선수를 선택하고 나는 '안젤리크 케르버'를 선택해 경기를 진행했다. 집에서 몸을 움직이는 것이지만, 숨이 차고 땀이 났다. 어느덧 해가 저물고 저녁 10시가 됐다. 집콕 생활을 하면 시간이 천천히 갈 줄 알았는데, 너무 빠르게 흐르는 것 같다.

금요일 밤이라 영화 한 편을 보려고 한다. 2년 전에 전주에서 진행하는 전주 국제영화제에서 참신하고 독특한 영화를 본 적이 있었는데 무척 감명 깊었다. 2020년에도 전주에 가고 싶다. 코로나19로 전주 국제영화제가 개막됐지만, 이번에 전주에 내려가 영화를 보는 것은 어려울 것 같다. 다행히 OTT 플랫폼인 웨이브(wavve.com)에서 상영한다고 해서 어떤 영화가 올라와 있는지 살펴봤다. 국제 경쟁 대상을 받은 가오 밍 감독의 〈습한 계절〉과 신동민 감독의 〈바람아 안개를 걷어 가다오〉, 김미조 감독의 〈갈매기〉가 시선을 사로잡았다. 좋은 영화를 보고 하루를 마감할 수 있어 기분이 좋았다."

2020년 1월 초부터 코로나19 사태가 장기화되고 개인 간 사회적 거리 두기 캠페인이 전국적으로 진행됐다. 이러한 현상은 자연스럽게 사회적 활동을 축소하고 외부 활동을 자제하게 만들었다. 자신도 감염될지 모른다는 두려움은 더더욱 집안에서 생활하는 시간을 증가시켰다. 이러다 보니 집에서 음식, 문화, 여가를 즐기는 '홈족(home族)'이 늘어나는 추세다. 이들의 소비를 겨냥한 경제 용어를 '홈(home)'과 '이코노미(economy)'의 합성어인 '홈코노미'라 부른다. 홈코노미는 홈영, 홈술, 홈쿡, 홈트, 홈카페, 홈캉스,

홈오피스, 홈베이킹, 홈필라테스, 홈케어, 홈시네마 등 집안에서 다양한 경제활동이 이뤄지는 다양한 파생 문화가 등장하게 만들었다. 집은 주거공간이라는 한정적인 인식에서 벗어나 취미나 레저, 여가생활까지 즐기는 공간으로 확대시켰다.

집에 머무는 시간이 늘어나면서 홈코노미에 관심 없던 사람까지도 집에서 시간을 알차게 보내기 위한 욕구가 증가하고 있다. 홈코노미가 증가하고 있는 이유는 코로나19의 영향도 크지만, 무엇보다 1인 가구의 증가도 한몫했다. 2019년 10월 기준 통계청 자료에 따르면, 1인 가구가 603만 명이다. 현재 1인 가구는 보편적인 가족 유형으로 인식하고 있으며 소비 시장의 주류로 주목받고 있다. 1인 가구의 증가는 대면 소비 경제에서 비대면 소비 중심의 경제로 변화하는 '언택트(Untact)' 생활권에서 '홈코노미' 현상은 하나의 소비 문화로 정착될 가능성이 높다. 현재 큰 사회적 이슈가 되는 코로나19 사태로 집에서 모든 것을 해결하는 라이프스타일은 기업에게 시사하는 바가 크다. '홈코노미' 현상에 대한 통합적인 타깃 마케팅 전략을 수립하고 코로나19 장기화 리스크에 대비할 수 있는 전략이 필요하다. 또한 서비스 차별화와 상품 경쟁력을 확보해야 한다.

Tip Box

1. 홈코노미 현상이 소비 문화로 정착되면 온라인 구매는 더욱 많아질 것이다. 온라인 쇼핑몰 구축으로 판로 개척과 매출 신장의 기회를 마련하는 것이 중요하다.

2. 소비자는 구매 의사 결정 과정에서 정보 탐색의 관문으로 소셜 네트워크 서비스를 활용하고 있다. 페이스북 페이지, 인스타그램, 네이버 블로그, 카카오스토리, 유튜브 등의 계정을 만들어 홍보하는 것이 선택이 아닌 필수가 됐다.

경제 위기 극복! 융합에서 찾다

비대면 구매가 보편화되면서 소비 문화가 디지털 경제를 촉발시키는 기회가 되고 있다. 오프라인 매장에 가지 않고 상품을 생생하게 살펴볼 수 있는 '라이브 커머스', 손쉽게 집안에서 다양한 업무를 진행할 수 있도록 해주는 '디지털 전환', 집에서 다양한 요리를 배달해 먹을 수 있고 당일 주문한 신선 상품을 새벽에 배송받을 수 있는 '비대면 유통', 집에서 머무는 시간이 늘어나면서 여가, 취미, 레저 등을 해결할 수 있는 '홈코노미' 현상은 세상을 바꿔 놓았다. 코로나19 바이러스는 경제, 정치, 문화, 예술, 기업 활동 등 가리는 영역이 없다. 유산슬의 '싹 다 갈아엎어 주세요. 머리부터 발끝까지 모조리 싹 다'처럼 돼 버렸다. 토머스 새뮤얼 쿤(Thomas Kuhn)의 《과학 혁명의 구조》에서 처음 언급한 패러다임의 전환(paradigm shift)이 도래했다.

새로운 변화가 서서히 도래하면 누구나가 준비할 수 있는 여유가 생기지만, 갑작스럽게 육지가 바다로 바뀌는 상전벽해의 상황이 오면 두려움과 공포를 느낄 겨를도 없이 무방비 상태가 된다. 한마디로 '마비' 상태다. 온몸을 마음대로 움직일 수 없고 기진맥진한 상태가 돼버린다. 코로나19 사태로 촉발된 '사회적 거리두기', '비대면 생활 경제'는 대한민국뿐 아니라 전 세계를 바꿔 버렸다. 강력한 패러다임의 전환이 이뤄진 것이다.

이제 우리들은 기존의 관점에서 벗어나 새로운 환경과 기술을 모색해야 한다. 그것은 바로 '융합'이다. 포스트 코로나19 이후에는 디지털, 비대면 서비스가 본격적으로 이뤄질 것이다. 비대면 유통 방식으로 바꾸면 발빠르게 디지털화로 선회해야 한다. 현재 상황을 재포지셔닝해 재정비할 기회다. 공연·예술 업계는 오프라인이라는 공간적 제약성을 벗어나 실시간

스트리밍 서비스로, 숙박업과 소매업은 키오스크 도입과 온라인 예약 시스템으로, 음식업은 챗봇 또는 배달 서비스로 전환해야 하고, 일반 기업은 IT 신기술을 활용해 디지털 업무 환경 속에서 스마트워크를 도입해야 한다. 언택트 시대가 도래하면서 사회적 가치와 경제적 가치에 대한 관점이 확 바뀌었다. 비즈니스 가치사슬이 급격히 재편되고 새롭게 부상하는 표준에 적응해야 하는 뉴 노멀 시대를 준비해야 한다. 언택트 생활권이 깊숙이 자리매김하고 있는 지금, 우리 매장, 우리 기업은 디지털 기술을 어떻게 융합시킬 수 있는지 선택해야 한다. 패러다임 전환이라는 강력한 쓰나미에 휩쓸리지 않기 위해서는 생존 전략을 모색해야 한다.

Tip Box

1. 융합은 생존의 필수 조건이 되고 있다. 급속하게 사회가 변화하고 고객의 구매 패턴이 변화하고 있는 상황에서는 기대 가치를 높일 수 있는 기회를 만들어내는 것이 중요하다. 현재 상황을 파악해 다양한 관점에서 실행할 수 있는 부분을 체크해보길 바란다(예: 서비스 개선, 상품 포장의 고급화, 고객 맞춤형 제품 제작)

2. 서비스 업종의 경우 고객에게 풍성한 경험을 제공하려면 차별화와 경쟁력 확보가 필요하다. 현재 업종에 어떤 부분을 접목할 수 있는지 찾아보길 바란다.

언택트 시대 생존 방법

02

언택트 마케팅
ABC

출·퇴근할 때마다 도심에서 느끼는 차량 소음과 엔진 진동이 사라진 고요함, 엄청난 인파 속에서 느끼는 적막함, 사람과의 만남에서 느끼는 긴장감은 코로나19 사태가 발생하면서 경험했던 일상적인 생활이다. 코로나19는 경제적·사회적으로 생활 방식과 업무 패턴을 급속하게 바꿔 놓는 기회가 됐다. 우리들은 한 번도 경험해보지 못했던 낯선 생활을 경험했다. 포스트 코로나19 시대 이후, 기업은 어떤 준비를 해야 할까? 언택트 시대에는 디지털, 비대면, 홈코노미와 연계된 산업이 더욱 경제적·사회적으로 확산되고 발전할 것이다. 하나의 문화 또는 보편적 가치로 친숙하게 다가올 것이다.

언택트 기반으로 만들어진 시스템은 처음에는 낯설고 두렵다. 그렇지만 현재 언택트 기술을 도입한 기업은 불확실한 현상황을 적극적으로 극복해 나아가고 있다. 고객에게 높은 기대 가치를 제공하면서 고객 충성도를 확보하고 관계 편익성을 증진시키고 있다. 고객이 시장에서 비대면에 대한 필요와 요구가 존재한다면, 기업은 비대면 서비스로 접근해야 한다. 여기서 한 번쯤 '비용 투자가 얼마나 들까?'라는 고민을 할 것이다. 업종에 따라 비용적인 투자가 다를 수는 있지만, 접근 방법에 따라 저예산으로 고효율을 만들어낼 수 있다. 우선 내부 자원의 다양한 창의적인 아이디어를 융합하는 것이 필요하다. 우리 회사와 제품을 잘 알고 있는 직원에게 질문을 던져보자.

또한 회의 문화도 바꿀 필요가 있다. 집단의 자유로운 토론으로 성과를 창출하는 브레인스토밍과 같은 아이디어 회의를 진행해볼 수 있다. 꾸준히 진행하다 보면 해결책을 찾을 수 있을 것이다. 내부적으로 진행하기 어렵다면 아이디어 창출 전문가를 섭외해 진행할 필요도 있다.

불확실한 시장 환경에서 패러다임의 전환은 누구에게나 새로운 도전을 요구한다. 특히 소상공인과 중견기업은 이에 응전해 살아남는 것이 중요하다. 이번에는 언택트 마케팅을 추진해 고객 기대 가치를 충족시킨 기업의 사례를 살펴보자. 현재 외부적인 환경 변화의 굴레 속에서 고민하고 있거나 업종 재포지셔닝을 생각하고 있는 기업이라면 참고하길 바란다.

언택트 마케팅 1
돈 안 드는 무언無言 접객 서비스가 뜨다

럭셔리한 브랜드 의류 매장에 발을 들여놓으면 갑자기 가슴이 두근거린다. 점원이 질문을 던질까 두렵기 때문이다. "어떤 브랜드를 찾으시나요?", "요즘 인기 있는 의류가 들어왔는데 보여드릴까요?", "고객님이 선호하는 디자인이 있으세요?" 이런 질문은 누구나 한 번쯤 받아봤을 것이다. 누군가는 제대로 된 서비스를 받는다고 생각할 수 있지만, 또 다른 누군가는 어떤 대답을 해야 할지 말문이 막혀버리는 상황에 놓일 수 있다.

이처럼 혼자서 조용히 매장을 둘러보고 싶은데, 점원의 친절한 응대가 부담스럽게 느껴질 경우가 있다. 유명한 백화점 매장에 가면 과연 모든 고객이 점원의 도움을 받고 싶을까? 상품의 브랜드 가치, 고객이 이해하고 있는 정보량, 매장 방문 경험 등 다양한 상황 요소에 따라 다를 것이다. 상품 브랜드 가치와 콘셉트에 대한 이해가 적은 고객은 점원의 상품 설명이 필요하겠지만, 브랜드 충성도가 높고 상품에 대한 사전 정보 파악이 이뤄진 고객이 매장에 찾았다면 점원의 설명이 필요하지 않다. 이에 점원의 응대가 부담스럽게 느껴지지 않기 위한 대안으로 무언 접객 서비스가 도입되고 있다.

국내의 대표적인 사례로 이니스프리(innisfree)의 로드숍의 쇼핑 바구니가 있다. 이니스프리 매장의 입구에 들어서면 두 종류의 라벨이 붙은 바구니가 비치돼 있다. 첫 번째는 '혼자 볼게요'이고 두 번째는 '도움이 필요해요'다. '혼자 볼게요' 라벨이 붙은 바구니를 들고 매장에 들어서면 점원이 다가가지 않고 '도움이 필요해요'라는 라벨이 붙은 바구니를 들고 쇼핑하면 점원이 다가와 고객의 피부 진단을 하거나 신상품을 추천해준다. 비대면 쇼핑을 선호하는 고객에게는 직원과 접촉할 필요가 없으므로 쇼핑에 집중할 수 있다. 이 무언 접객 서비스는 이니스프리 강남 직영점의 매니저가 제안한 아이디어로, 소셜 네트워크 서비스에서 화제가 됐고 큰 호응을 얻었다. '혼자 볼게요', '도움이 필요해요' 라벨의 쇼핑 바구니 서비스는 2016년 8월에 5개의 이니스프리 매장에서 시범적으로 도입됐고 고객에게 긍정적인 반응을 얻으면서 전국 46개의 매장에서 운영하고 있다.

일본에도 무언 접객 서비스가 속속 등장하고 있다. 일본도 코로나19를 피해가지 못하고 언택트 문화가 사회적으로 깊숙이 자리잡게 되면서 비대면 서비스가 확산되고 있는 추세다. 일본 의류 브랜드 '어반 리서치 (URBAN RESEARCH)'는 의류 기획 및 제조업체로 빔즈, 쉽스와 함께 일본 의류시장을 대표하는 패션 브랜드다. 이니스프리와 비슷한 무언 접객 서비스로 매장 입구에 '말 걸지 마세요.'라고 쓰여진 침묵 바구니를 배치했다. 매장 직원이 다가와 말을 걸지 않았으면 좋겠다는 의사표시를 간접적으로 표현한 것이다. 이 쇼핑 바구니를 들고 매장에 들어서면 점원의 호객 행위를 피할 수 있다. 어반 리서치측은 충성 고객을 대상으로 설문조사를 실시한 결과, '상품을 내 마음대로 구매하고 싶다.', '점원이 다가오면 긴장돼 쇼핑을 자유롭게 즐길 수 없다.'라는 의견이 많아 '무언의 접객 서비스'를 도입하게 됐다고 말했다. 어반 리서치의 무언 접객 서비스는 2020년 5월에 도입해 22개 매장에서 운영 중이다.

낮 최고 기온 35도, 무더운 8월의 여름 날씨에 대중교통으로 택시를 타려고 한다. 여러분은 택시를 타면 운전사와 이야기를 하고 싶은가? 무더운 여름 날씨에 지쳐 목적지까지 조용히 편안하게 가고 싶을 것이다. 택시 운전사에게 질문도 하고 세상 돌아가는 대화를 하면서 가고 싶은 고객도 있을 것이다. 코로나19 사태가 발생하면서 대부분의 고객은 마스크를 하고 있어서 언택트 서비스를 요구할 것이다.

일본 교토 시내 본사를 두고 있는 도시택시(都TAXI)에서는 '침묵 택시'를 운영하고 있어 좋은 반응을 얻고 있다. '침묵 접객 서비스'는 국내에서도 큰 화제가 되기도 했다. 탑승 고객의 행선지와 요금만 말하고, 꼭 필요한 말 외에는 손님에게 말을 걸지 않는 것을 원칙으로 하고 있다. 탑승 고객이 먼저 말하지 않는 한, 운전사는 말을 하지 않는다. '침묵 택시'도 탑승객이 먼저 말을 걸면 운전사는 상냥하게 말을 한다. 외관상 여느 택시와 별

언택트 시대 생존 방법

차이가 없지만 조수석 목 받침대 뒤편에는 "운전사가 말 거는 걸 자제합니다."라는 글이 적혀 있다. 이 아이디어는 전 사원이 모여 자유롭게 자기 의견을 말하는 자리에서 한 사원이 "탑승 고객이 과연 운전사와 말을 하고 싶어 할까?"라는 의문점을 제기한 것에서 비롯됐다.

직원의 톡톡 튀는 아이디어를 무시하지 않고 현장에 적용해 언택트 시대에 적절히 대응한 것은 시사하는 바가 크다. 한국과 일본의 문화적인 상황이 달라 적용하기가 어려울 수 있다. '손님에 대한 예의가 아니다.'라는 지적도 나올 수 있다. 그렇지만, 시대가 시대인만큼 서비스도 달라져야 한다. 개인 간 접촉이 최소화되고 언택트 서비스가 산업계 전반으로 확산되면서 비대면 수요 또한 급부상하고 있기 때문이다. 현재 고객 대상으로 한 서비스 기업은 대면화된 서비스를 어떻게 비대면화할 수 있는지 점검해봐야 한다. 고객을 배려하는 무언 접객 서비스가 새로운 서비스 트렌드로 자리잡고 있다는 것을 알아야 한다. 고객의 마음을 읽는 것은 생존과도 직결된다. 시장의 흐름이 빠르게 변화하고 고객의 기호가 달라졌다는 것을 인식하고 발빠르게 움직여야 한다. 언택트 경제의 변화에 맞춘 작은 투자는 더 큰 고객 만족을 이끌어낼 수 있다는 점을 잊지 말아야 할 것이다.

언택트 마케팅 2

챗봇! 간편한 상담 업무, 전화할 필요 없다

"직장에 출근해 업무를 하다 보면 어느새 찾아오는 점심식사 시간! 어느덧 시곗바늘은 오후 2시를 가리킨다. 갑자기 온몸은 무거워지고 양쪽 눈가는 잠의 무게에 빠져든다. 식곤증이 찾아온 것이다. 몸이 나른해지면서 잠이 몰려오는 증상은 직장인이라면 피해가기 어려운 뇌

비우스 띠와 같다. 진한 에스프레소가 생각나는 시간이다. 회사 근처에는 이탈리아식 커피 전문점이 하나 있다. 고급 커피 원두 가루를 고압의 뜨거운 물에 통과시켜 아주 진한 맛이 난다. 커피의 깊은 맛과 풍미를 음미할 수 있는 명소다. 그런데 최근에 입소문이 나 오후 2시가 되면 줄을 서서 주문해야 하는 웨이팅 시간이 생겼다. 그러다보니 커피를 못 마시는 경우가 많았다. 얼마 전에 카카오 챗봇 예약 서비스를 진행한다는 광고를 보게 됐다. 챗봇으로 예약하면 줄을 서지 않고 곧바로 테이크 아웃이 가능하다는 내용이었다. 길게 줄 서서 기다리는 시간을 생략해주는 챗봇 예약 서비스가 고마울 따름이다. 앞으로 이 서비스를 자주 이용할 생각이다.

회사에서 퇴근하면 스포츠365 센터에 들려 1~2시간 정도 수영을 하고 헬스 운동을 한다. 하루를 마감하는 의식처럼 러닝머신에서 한바탕 땀을 흘리고 나면 피로가 풀린다.

갑자기 2개월 동안 유럽으로 출장을 떠나게 됐다. 출장 준비 때문에 스포츠365 센터에 전화를 해서 이용 연기를 해야 한다는 것을 깜박했다. 다행히 카카오 챗봇 서비스를 이용해 '해외 출장으로 2개월 동안 이용하지 못하는데 어떻게 해야 하나요?'라고 상담을 요청했다. '고객님은 6개월 이용자이신데, 2개월은 연장해서 이용하실 수 있습니다.' 해외에 있지만 챗봇 서비스로 문제를 해결할 수 있어서 기분이 좋았다."

위는 불편한 서비스와 긴급한 상황을 챗봇 서비스로 해결한 사례다. 언택트 경제가 촉발되면서 챗봇은 디지털 전환의 대표적인 기술로 인정받고 있다. 챗봇은 채팅 로봇 프로그램으로 봇(bot), 채터봇(chatterbot), 토크봇

(talkbot)이라 부른다. 정보 기술의 발달로 인공지능 비서(Artificial Assitance)와 혼용하기도 한다. 메신저에 소비자가 채팅하듯 질문을 입력하면 정해진 응답 규칙에 따라 해답을 준다. 대화형 메신저로 서비스 직원처럼 자연스러운 대화를 진행하기 때문에 거부감 없이 다가갈 수 있다는 장점이 있다.

2013년에 개봉한 〈그녀(Her)〉는 앞으로 챗봇이 어떻게 진화할 수 있는지를 알려준다. 스스로 생각하고 느끼는 인공지능 운영체제 '사만다'는 테오도르(호아킨 피닉스)에게 친한 친구이자 비서다. 사만다는 집에서든, 밖에서든 상황에 적합한 답변을 해준다. 이 영화는 시간이 지나면서 자신의 마음을 이해해주는 사만다와 사랑에 빠지는 이야기다. 가상 비서가 언제나 곁에서 나를 위해 좋은 말을 해준다면 행복하지 않을까?

또 다른 SF 판타지 걸작인 〈아이언맨(Iron Man)〉에게는 인공지능 시스템인 '자비스'가 있다. 자비스란, 'just a rather very intelligent system'의 약자로, '매우 똑똑한 시스템'을 의미한다. 토니 스타크(로버트 다우니 주니어)에게 수시로 유머가 섞인 농담도 하고 정보도 제공하는 에이전트다. 자비스는 대저택을 관리하는 인공지능 집사로, 시스템 해킹, 아이언맨 슈트 제작 등에 많은 도움을 준다. 예측할 수 없는 상황이 발생하면 대안책을 제시해주고 위기 상황에 놓여 있을 때는 토니의 목숨을 구해주기도 한다. 자비스가 없다면 스펙터클한 스토리 전개도, 강렬한 액션신도 불가능하다. 영화 속에서 아이언맨에게 없어서는 안 될 충실한 조력자라 할 수 있다.

미래에는 고도의 문제 해결 능력을 가진 인공적 지능을 가진 챗봇이 삶을 좀 더 편리하게 해주지 않을까?

대학내일20대연구소의 조사에 따르면, 20대 4명 중 1명(26.4%)은 "면대면 소통보다 문자나 메신저를 활용한 대화가 더 편하다."라고 답했다. 스마트폰에 길들여진 밀레니얼 세대라면 전화 통화보다 메신저 또는 문자가 더 친밀도가 높다. 챗봇 서비스가 밀레니얼 세대들에게 최적화된 소통 채널이 될 가능성이 높다. 챗봇은 인공지능 기반의 대화형 메신저 서비스로, 24시간 고객 상담이 가능하다는 장점이 있다. 현재 카페, 배달, 숙박 예약, 인터넷 쇼핑몰, 보험사, 은행, 소매업체 등에서 다양하게 활용하고 있다. 고객 지원 업무나 정보 습득과 같은 영역에 활용되고 있으며, 기존 소비자의 성향을 분석해 적합한 상품을 추천해주기도 한다.

현재 서비스업 사업자라면 카카오의 카카오톡 챗봇을 이용해 간편 주문 서비스를 도입하길 추천한다. 매장 홍보를 위한 마케팅 비용과 서비스 관리 부담을 줄일 수 있기 때문이다. 카카오톡 챗봇 주문 서비스 장점으로는 주문과 동시에 결제하는 카카오페이가 있다. 또한 손쉽게 발행할 수 있는 카톡 쿠폰 서비스도 있다.

고객은 번거롭게 종이쿠폰을 들고 다닐 필요가 없다. 챗봇 주문 서비스는 고객의 입장에서 언제 어디서나 사용할 수 있고 주문한 음료가 완성되면 알림톡이 떠서 기다리는 시간을 최소화할 수 있다. 한 번에 이뤄지는 스마트 간편 주문 서비스는 언택트 소비를 추구하는 고객에게 인기가 있다.

챗봇 주문 서비스는 시각적이고 즉각적이다. 고객이 상담원을 기다리지 않고 장소와 업무 시간에 관계 없이 서비스를 제공할 수 있다. 고객이 정보 습득과 문제 해결을 위해 여러 단계를 거치면서 시간을 낭비할 필요가 없다. 상담 서비스의 품질도 확보할 수 있고 고객 참여를 더욱 유도할 수 있는 잠재력도 지니고 있다. 소상공인과 중견기업이라면 챗봇을 융합해보기 바란다. 해외 사례로는 뱅크 오브 아메리카(Bank of America)의 '에리카(Erica)', 스타벅스(Starbucks)의 '바리스타(Barista)', 마이크로소프트의 '코타나(Cortana)', 애플의 '시리(Siri)', 구글의 '어시스턴트(Assistant)', 삼성의 '빅

스비(Bixby)', 아마존의 '알렉사(Alexa)' 등이 있고 국내 사례로는 카카오톡 챗봇, 인천공항공사 '에어봇(Airbot)', IBK기업은행의 'i-ONE봇', 신한은행의 '쏠리', 메이크봇의 '메이크봇H', LG헬로비전의 '우디', GS25의 '지니' 등이 있다.

챗봇은 크게 인공지능형과 시나리오형으로 나뉜다. 인공지능형은 인간처럼 음성과 문자를 식별하고 논리적으로 추론할 수 있는 기술을 의미한다. 아직까지 상황과 문맥을 파악해 완벽하게 대응하는 질의 응답 수준은 아니지만, 수년 내에 복잡한 질문에도 응답할 수 있고 적재적소에 도움을 주는 인공지능형 챗봇이 나올 것으로 예상된다. 시나리오형은 사전에 정해진 해답을 제공해주는 것을 의미한다. 대부분의 챗봇 서비스가 이 유형이라 볼 수 있다. 전화 응대 및 상품 옵션 설명, 중요 정보 등에 챗봇을 활용하면 업무 시간에 상관없이 서비스를 제공할 수 있다.

언택트 마케팅 3
홈코노미족을 위한 사이버 전시관, 이동하지 않고 경험하다

코로나19로 사회적 거리두기가 이뤄지면서 공공 시설을 방문하기 어려워졌다. 주말에는 미술관이나 도서관에 가곤 했는데, 언택트 생활이 자리잡게 되면서 외부 활동이 줄어들었다. 점점 집안에서 생활하는 시간이 많아졌다. 평소에 관심없던 주방 용품에 관심을 갖게 됐다. 평소에 생소한 OLED, QLED, micro LED 등의 액정 디스플레이도 알게 됐다. 좀 더 영화를 즐겁게 감상하기 위해 아이맥스 영화 장비도 구입했다. 이제 유튜브를 보며 재미있게 요리하는 홈쿡족, 집에서 영화를 즐겨보는 홈영족이 됐다.

'불편한 소통'보다는 '편리한 단절'을 추구하는 삶의 방식이 자리잡았다. 외부 활동을 즐기는 여행 마니아에서 자연스럽게 홈코노미족이 됐다는 것을 알 수 있다.

"아, 여행가고 싶다!" 언제쯤이면 '코로나19'가 사라질까!
↓
여행 본능을 해결할 수 있는 대안 서비스가 필요하다.
↓
실질적으로 보고 느끼고 만져보고 들을 수는 없지만,
사진으로 구경할 수 있다면 기분이 좋을 것 같다.
↓
우연히 이미지 공유 소셜 네트워크 서비스인 핀터레스트를 알게 됐다.
↓
사이버 전시관으로 떠나보자.

사회적 거리두기로 서울의 가볼만 한 곳을 가보지 못하면서 검색하는 시간이 많아졌다. 핀터레스트 검색 중 영등포구에서 운영하는 포토소셜 역사관인 '시간여행'을 찾았다. 구한말 이후부터 최신 사진까지 영등포의 100년사를 살펴볼 수 있다. 명확하게 연도별 카테고리로 구분해 놓아 영등포의 변천사가 한눈에 들어온다. 영등포가 어떻게 발전해왔는지, 영등포에 어떤 명소가 있는지 알 수 있다.

대한민국의 4대 강에는 '한강', '낙동강', '금강', '영산강'이 있다. 사계절에 따라 변화하는 태양의 고도와 기온의 차이가 환상적인 정경을 만들어낸다. 봄에는 생명의 호흡 소리, 여름에는 따뜻한 바람소리, 가을에는 시원한 물결소리, 겨울에는 자연의 심장소리를 들을 수 있다. 해질녘 지평선의 붉게 타오르는 노을은 한 폭의 그림처럼 느껴진다. 홈코노미족 생활에 익숙해지면서 4대 강은 그림의 떡이다. 핀터레스트(Pinterest)에서 4대 강을

4대강 새물결

영등포구 포토소셜역사관, '시간여행'

http://pinterest.com/save4rivers

찾았다. 클릭 몇 번으로 대한민국의 4대 강의 아름다운 사진들을 볼 수 있어 기분이 좋았다.

핀터레스트는 이미지 공유 소셜 네트워크 서비스로, 인스타그램과 비슷하다. 인스타그램은 사진을 손쉽게 업로드해 사용하기 편하다. 반면 핀터레스트는 카테고리(보드)를 생성한 후 사진을 갈무리해 업로드해야 한다.

다른 사람이 올린 사진을 가져와(핀) 카테고리에 넣을 수도 있다. 또한 링크를 걸 수 있어 홍보 채널로 활용할 수 있다. 홈페이지가 없는 기업이라면 핀터레스트 도입을 고려해보기 바란다.

증강 현실로 구현되는 사이버 전시관은 생각보다 많은 비용이 필요하다. 하지만 핀터레스트는 무료다. 카테고리를 만들고 사진을 업로드하면 전시관을 쉽게 만들 수 있다. 사이버 전시관은 공공시설에 한정하지 않고 소상공인도 효과적으로 활용할 수 있다. 미용실이라면 머리 스타일에 따라, 마트라면 식자재에 따라, 전자제품이라면 브랜드에 따라 카테고리를 구성하면 된다. 사이버 전시관은 최첨단 기술이 필요하지 않다. 오래전, 아니 최근에 찍어놓은 사진을 체계적으로 정리하면 구현할 수 있다. 누구나 방문해볼 수 있는 핀터레스트 전시관을 만들어보는 것은 어떨까?

우리 일상 곳곳에 숨어 있는 키오스크

바쁘게 보내고 찾아온 주말! 아내와 함께 맛있는 점심식사를 하려고 한다. 어느 맛집으로 갈까? 네이버 지도 검색을 해본다. 아내는 얼큰한 국물을 좋아하니 동태탕 전문점을 찾으려고 한다. 유명한 식당은 웨이팅 시간이 있으니 빨리 찾아야겠다. 몇 분을 검색하다 찾은 동태탕 전문점이 시선을 사로잡았다. 먼저 다녀온 후기도 마음에 든다. 후기 글은 다음과 같았다.

"분위기가 화려하고 밑반찬이 현란하다고 해서 맛집은 아니다. 허기진 배를 충족시켜주는 요리가 나오는 곳이 최고의 맛집이다. 폭염으로 지쳐 있을 때는 시원한 음식이 먹고 싶지만, 이열치열이라고 하지 않았던가! 매콤하고 얼큰한 탕이 더위를 없애준다. 오늘은 무더위를 이겨내기 위해 동태 전문점을 찾았다. 동태는 명태를 잡아 얼린 것으로, 영양분이 농축돼 있다. 메치오닌, 나이아신 등과 같은 필수 아미노산이 풍부해 감기에 효과가 있고 간을 보호해준다. 동태탕이 술안주와 잘 어울리는 이유기도 하다. 이 식당에서 만난 동태탕은 시원한 국물 맛이 일품이다. 찌그러지고 눌린 양푼에 알, 두부, 새우, 동태, 내장, 미나리 등 다양한 재료가 한가득 담겨 나온다. '과연 맛있을까!' 하고 의아해했지만 몇 분이 지난 후 맛을 보니 국물 맛이 일품이다. 중독성 강한 맛이다."

호소력이 강한 후기 글을 보고 이 식당에 가기로 결정했다. 약 40분 정도 걸려 식당에 도착했다. 그리 큰 식당은 아니지만 내부는 깔끔했다. 젊은 고객이 많아 그런지 1인석, 2인석이 많다. 식당 입구로 들어갔다. 입구에는 직원이 없고 오른쪽에 키오스크 기기 두 대가 놓여 있다. 먹고 싶은 메뉴와 시간을 선택한 후 신용카드를 넣으니 주문 번호가 새겨진 영수증이 나온다. 자리에 앉아 벽 한쪽에 걸려 있는 LCD 창에 주문 번호가 나오길 기다린다. 주문 번호가 나타나면 요리실 입구로 이동해 한가득 담겨 나온 양푼을 가져와 가스레인지에 올려놓고 요리하면 된다. 작은 규모의 매장이지만 키오스크 기기가 있어서 그런지 잘 운영되고 있는 것 같다.

한 주간 직장생활하면서 입었던 흰색 셔츠, 회식자리에서 입었던 정장은 열심히 사는 샐러리맨의 자화상이다. 외근 업무와 야근이 자주 있어서 세탁소에 세탁물을 맡기지 못하는 경우가 종종 있다. 최근에는 스마트빨래수거함을 설치해 시간 구애 없이 맡길 수 있게 됐다. 2~3일이 지나면 알림톡이 뜬다. 선택사항은 '세탁소 방문 일정', '스마트빨래수거함 비치'다. 세탁소가 문을 닫는 시간에 갈 수 없어 '스마트빨래수거함'을 선택했다. 결제를 하니 비밀번호가 도착했다. 늦은 시간에 가도 세탁물을 찾을 수 있어서 바쁜 직장인에게는 좋은 서비스다.

사회적 거리두기 기간이 길어지면서 도서관 이용이 어려워지고 있다. 다행히 집 근처에 있는 스터디 카페는 운영되고 있다. 정기권을 구매하면 365일 언제든지 이용할 수 있다. 시간이 나면 방문해 간단한 업무를 보고 있다. 그나마 몇 개 있던 독서실도 스터디 카페로 바뀌었다. 이 스터디 카페는 무인 시스템으로 운영되고 있어 관리 직원이 상주하지 않는다. 내부에는 커피 머신이 있어 고급 원두커피를 자유롭게 즐길 수 있고, 스낵과 캔 음료수를 구매할 때는 카드 리더기에 결제하면 된다. 오직 CCTV 한 대만 있을 뿐이다. 터치스크린에 지문을 등록하면 입실, 좌석 선택, 결제, 퇴실, 외출 관리가 되며 알림톡으로 시간도 알려준다. 포스트 코로나19 시대를 맞아 창업의 열기가 고조되고 있는 스터디 카페는 다양한 서비스와 효율적인 학습 공간을 제공하고 있어 청소년들에게 많은 사랑을 받고 있다.

키오스크는 시간 제약 없이 비대면 방식으로 이용할 수 있는 무인 정보 단말기를 말한다. 디지털화된 미디어의 복합체로 음성 서비스, 동영상 구현 등 효율적인 정보 서비스를 제공해 누구나 손쉽게 이용할 수 있다. 가장 흔하게 찾아볼 수 있는 키오스크는 터치스크린에 몇 번의 터치만으로 주문할 수 있는 편리한 서비스다. 언택트 시장 경제가 깊숙이 자리잡으면서 '무인매장', '스마트 빨래 수거함', '비대면 은행 서비스', '무인 입실 시스템', '스마트 편의점' 등이 점점 많아지고 있다.

포스트 코로나19 이후, 키오스크는 모든 장소에서 활용할 가능성이 높다. 업종에 구분 없이 업무의 무인화 및 자동화가 가능하며, 인건비를 줄일 수 있다는 장점을 지니고 있기 때문이다. 업무 효율도 높일 수 있다. 또한 고객이 직접 주문 정보를 터치해 정보를 입력하기 때문에 주문 오류가 없다. 언택트 서비스를 추구하는 고객의 주문 대기 시간을 줄여주고 매장 직원을 만나지 않아도 되며 늦은 밤 시간이나 이른 아침에도 사용할 수 있다. 키오스크는 몇 번의 터치만으로도 주문과 결제를 한 번에 할 수 있고 언제 어디서든 서비스를 제공할 수 있다. 정보 기술의 발전으로 비용 절감 효과와 쉬운 구매 방식 서비스를 제공하는 키오스크는 언택트 경제의 메가트렌드가 될 것이다.

언택트 마케팅 5

라이브 커머스로 상품을 판매한다

"나는 50대 중반의 남성으로, 직장생활 25년차 과장이다. 특별한 취미생활도 없다. 오직 가정의 행복을 위해 살고 있다. 가끔 '이렇게 살다가 우울증에 걸리는 것이 아닐까?'싶을 정도로 쓸데없는 생각을 많이 하는 편이다. 사회인, 샐러리맨, 한 가정의 가장으로서 열심히 살았다고 자부하지만, 마음 한구석이 허전하다. 대한민국에서 50대가 되면 누구나 느끼는 감정이 아닐까!

최근 들어 캠핑에 관심이 생겼다. 아직 한 번도 해보진 못했지만, 캠핑이라고 하면 '떠남', '여유', '낭만', '체험', '도전', '열정', '휴식' 등과 같은 단어가 떠오른다. 캠핑을 떠나는 연습을 조금씩 해볼 생각이다. 우선 여러 장비가 필요하니 하나씩 구매하려고 한다. 어려운 캠핑 장비이름, 사용 방법을 학습하려니 쉽지 않다. 어쩔 수 없이 유튜브의 도움을 받으려고 한다. 시간 날 때마다 캠핑 유튜버 방송을 보는데, 무척 재미있다. 스마트폰 앱은 잘 다루지 못하지만, 유튜브를 보면 맞춤형 콘텐츠를 꾸준히 제공해줘서 동영상을 자주 보게 된다. 3일 후 '4인용 원터치 텐트' 판매 진행이라는 라이브 방송 공지가 떴다. '언제 텐트를 구매할까?' 하고 고민하던 차에 이번에 구매해볼 생각이다. 라이브 방송 시작! 친숙한 유튜버가 나와 텐트의 장점을 소개하고 직접 설치해주는 영상을 시청했다. 아직 어떤 것이 좋은지는 잘 모르지만, 텐트를 잘 알고 있는 유튜버가 설명해주니 쉽게 이해할 수 있었다."

유튜브는 전 세계적으로 사랑받고 있는 플랫폼이다. 몇 번만 터치하면 내가 찾고자 하는 동영상 서비스를 제공받을 수 있다. 매일같이 접속해도 보고 싶은 풍부한 동영상을 추천해준다. 사이버 영화관이라 할 만하다. 최근에는 유튜버들이 라이브 커머스로 상품을 판매하는 동영상 서비스가 많아지고 있다. 홈쇼핑 전문채널에서 진행하는 쇼호스트와는 다르다.

홈쇼핑 채널은 화려한 영상미와 긴박감, 상품 구매에 대한 제안이 끊임없이 나온다. 이와 달리 유튜브에서 진행하는 동영상은 사실감이 있고 친근한 느낌이 든다. 구매자가 상품을 구매해 사용하는 것처럼 허물 없이 진행한다. 현장감이 느껴지고 솔직한 유튜버와는 공감대가 형성된다. 여기까지 도달했다면 구매가 일어나지 않을까? 유튜브는 콘텐츠의 다양성과 세계적인 경쟁력을 지닌 채널이다. TV 이상으로 매력적이다. 대중문화의 중요한 위치를 선점하고 있기도 하다. 유튜브 채널에는 일방적으로 정보를 전달하는 동영상이 많다. 그렇지만 라이브 커머스는 실시간 채팅이 가능한 쌍방향 방송 유형이다. 고객이 참여해 함께 느끼고 공감하며 즐길 수 있는 사이버 무대를 제공한다. 이용자 입장에서의 과감한 변화 추구와 풍부한 경험의 제공은 고객의 구매 의사 결정에 중요한 역할을 하고 있다.

국내 주요 증권사들은 라이브 커머스로 글로벌 유망 종목, 고배당 우량주 추천, 외국인과 기관이 많이 사는 종목을 제공하고 있고, GS리테일은 신선 식품을 제공하고 있다. 이외에도 대학교 축제, 문화 공연, 중고차 판매, 부동산, 의류 매장도 라이브 커머스로 고객에게 다가가고 있다. 네이버와 카카오도 라이브 커머스를 선보였다. 라이브 커머스는 대면 접촉을 피하는 구매자에게 강력한 구매 호소력을 지니고 있다. 언택트 시장 경제에서 지속적으로 인기를 얻고 있는 이유는 바로 이 때문이다.

언택트 마케팅 6
이제는 화상회의로 미팅한다

오전 9시! 이 시간이면 회사에 출근해 있을 시간이지만, 오늘은 집에서 업무를 본다. 유연근무제로 집에서 일하는 날이다. 곧 화상 미팅을 해야 할 시간이다. 하의는 간단히 체크무늬의 면바지를 입고 상의는 셔츠에 파란색 스트라이프 넥타이를 매고 방 한쪽에 있는 책상에 앉아 노트북을 연다. 줌 아이콘을 클릭해 활성화한 후 카톡으로 온 회의 ID를 입력한다. 채팅 창에는 팀장님, 개발자, 디자이너가 들어와 있다. 나는 웹 기획자로 참여한다. 채팅 창에 얼굴이 나타나자마자 팀장님이 "어제 작성한 A 프로젝트 기획서 작성은 언제쯤 마무리되나요?", "오늘 오후 안으로 B 프로젝트 테스트 진행할 수 있을까요?" 등과 같은 업무 지시를 한다. 스케줄을 체크한 후 팀장님에게 현상황을 전달한다. 웹 기획서 작성에 필요한 요구 사항을 개발자와 디자이너에게 질문하면서 오전 화상회의를 진행한다. 1시간 정도의 회의를 마치고 메모장에 대화 내용을 간단히 정리하고 업무를 진행한다. 집에서 업무를 하니 긴장감이 떨어지지만, 경쾌한 음악을 들으면서 여유 있게 일을 할 수 있으니 기분은 좋다.

급속한 도시화와 과학 기술의 변화 속에 살고 있는 현대에는 '퍼스트 무버(first mover, 선도자)'가 시장의 주도권을 쥐게 된다. 즉, 외부 환경에 빠르게 대처하는 기업만이 살아남을 수 있다. 기업은 언택트 시대를 맞아 현재에 안주하지 않고 기업 핵심 사업의 운영 방식의 변화를 꾀해야 한다. 예측하기 힘든 사업 환경 속에서 민첩하게 대응하고 자원을 효율적으로 운영해야 하기 때문이다. 화상회의는 기업 내부의 업무 처리 시스템을 원격으로 전환하는 것으로, 시간과 비용을 절약할 수 있다는 장점이 있다. 어디에서든 근무할 수 있고 언제든 회의할 수 있기 때문에 업무의 일관성과 상시적인 소통을 유지할 수 있다. 언택트 시대에 기업이 살아남기 위해서는 디지털 전환의 시대에 하루빨리 적응해야 한다. 화상회의 솔루션은 유연근무제하에서 필수적인 도구로, 소상공인, 중소, 중견기업의 미래와 직원의 삶을 바꾸는 전환점이 될 것이다.

언택트 마케팅 7
드라이브 스루, 워킹 스루로 구매하다

늦은 저녁 시간. 동료들과 몇 달 만에 수제 맥주 전문점에서 회식을 진행한다. 평소에는 자주 모여 술을 마셨는데, 사회적 거리두기로 함께 술을 마시는 기회가 많이 줄어들었다. 어쩔 수 없이 집에서 혼술하는 시간이 늘어났다. 다행히 오늘은 직원들과 세상사는 이야기를 해보려고 한다. 예약한 매장에 도착하니 손님들이 많아 무척 시끄럽다. 입구에 들어서자 직원이 한 명 한 명 발열 체크하고 연락처를 적게 했다. 자리에 앉으려고 하니 테이블에 'X' 자가 붙어 있다. 어쩔 수 없이 한 칸씩 띄어 앉았다. 조금 떨어져 있긴 했지만, 함께 이야기할 수 있어서 좋다.

주말에 아내와 함께 강릉솔향수목원으로 머리 식히러 왔다. 푸른 나무 숲길을 걷다 보니 한달 동안 집콕 생활로 쌓인 피로와 스트레스가 사라졌다. 자연의 손길이 닿으면 치유되는 것 같은 느낌이 든다. 숲길 투어를 마치고 집으로 가던 중 커피를 마시고 싶어 주변을 검색해봤다. 다행히 근처에 S 커피 전문점이 있어 테이크아웃 예약을 했다. 예약 시간에 맞춰 매장 앞에 주차하니 직원이 커피를 가져다줬다. 차 안에서 진한 아메리카노 커피를 마시며 여유 있게 주말 드라이브를 즐겼다.

늦은 오후, 두께가 얇은 덴탈 마스크를 구매하기 위해 집 근처 약국을 찾았다. 개인당 10개까지 구매가 가능해서 4인 가족이 여유 있게 사용할 수 있을 것 같다. 그런데 사람들이 줄을 서 있다. 쉽게 구매할 수 있을 거라 생각했는데 몇 분을 기다려야 할 것 같다. 바닥에 1m 간격으로 'X'가 붙어 있다. 2020년 6월부터 시작된 폭염으로 통기성이 좋은 덴탈 마스크의 수요가 많아져 공급이 따라가지 못하고 있는 상황이다. 어쩔 수 없는 상황이니 기다려보기로 했다.

'불편한 소통' 보다 '편리한 단절'을 추구하는 소비 트렌드가 이슈가 되면서 대면 접촉을 꺼리는 경향이 많아지고 있다. 고객 대상으로 서비스를 제공하는 기업이라면 '드라이브 스루(Drive thru)'와 '워킹 스루(walking thru)'를 효과적으로 활용하는 것이 좋다. 매장에 주차 공간이 없다면 챗봇을 활용할 수 있다. 사전 예약을 받아 고객이 매장 근처에 오면 전달된다. 특정 시간에 고객이 몰리는 매장의 경우, 일정 간격으로 거리두기를 유지해 방역을 실천하는 것이 중요하다. 고객의 요구와 소비 패턴이 변화하고 있는 상황에서 기업의 서비스 정책 또한 바뀌어야 한다. 고객의 '관심'을 꿰뚫고 고객 중심으로 가치사슬을 만드는 것은 생존과 직결되기 때문이다.

언택트 시대 생존 방법

03

언택트 마케팅 준비를 위한
기본 체크리스트

언택트 마케팅 체크리스트로 현재 상황을 파악해보자. 개인은 직장인, 프리랜서, 기업은 소상공인, 중소 · 중견 사업자에 해당한다. 체크 항목이 10개 이상이라면 언택트 마케팅을 제대로 이해하고 있는 것이고, 10개 이하라면 부족한 항목이 무엇인지 체크해 보완하면 된다.

개인

	질문	답변
1	초연결 시대에 디지털 플랫폼 계정을 만들어 활용하고 있는가?	
2	글쓰기 연습을 꾸준히 하고 있는가?	
3	최근 트렌드와 이슈를 일목요연하게 설명할 수 있는가?	
4	매일 업무와 관련된 키워드를 검색하고 있는가?	
5	미션을 달성하기 위해 정기적인 목표를 세워 실천하고 있는가?	
6	삶의 의욕을 높이는 취미생활을 주기적으로 하고 있는가?	
7	업무 효율을 높이는 나만의 프로세스를 지니고 있는가?	
8	"나는 효율적으로 시간을 관리하는 조련사다."라고 자신 있게 말할 수 있는가?	
9	"나는 멀티플레이어다."라고 자신 있게 말할 수 있는가?	
10	우선순위 결정에 따라 하루를 시작하는가?	
11	집중력을 높이는 환경을 만들어 집중하는가?	
12	휴먼 네트워크를 폭넓게 구축하고 있는가?	
13	나의 업무를 스토리텔러처럼 말할 수 있는가?	
14	나에게 적합한 자기계발 계획을 수립하고 있는가?	
15	매년 이력서를 업그레이드하고 있는가?	

개인 체크리스트 설명

초연결 시대에 디지털 플랫폼 계정을 만들어 활용하고 있는가?

21세기의 최고 발명품은 '디지털 플랫폼'이다. 전 세계인과 실시간으로 소통할 수 있는 기회를 만들어줬고 스트림으로 정보와 뉴스를 받아볼 수 있게 됐다. 언택트 시대에 접어들면서 디지털 플랫폼의 접근성과 활용도가 더욱 높아지고 있다. 현재 디지털 플랫폼 계정이 없다면 즉시 만들어 참여, 개방, 공유의 기회를 만들기 바란다.

글쓰기 연습을 꾸준히 하고 있는가?

사회생활에는 다양한 역량이 필요하다. 특히 전인간적(모든 면에서 완성을 추구하는 인간형)인 인간이 되기 위해서는 중요한 요소를 습득하는 것이 중요하다. 대표적인 예로 보통 머리를 말하는 지능지수인 IQ(Intelligence quotient), 사회적 관계를 말하는 관계지수 NQ(Network quotient), 가슴을 말하는 감성지수 EQ(Emotional quotient), 시각적 지수를 말하는 시각 지수 VQ(Visual Quotient) 등이 있다. 이 네 가지 지수가 유기적으로 포함된 개념이 RQ(Writing Quotient)다.

글쓰기 지수는 지적 능력, 감성, 네트워크 능력, 시각적 능력을 포함하고 있어 개인의 역량과 실력을 표출하는 데 중요한 도구라고 볼 수 있다. 평상시 시간을 내어 글쓰기 연습을 하자. 간단한 메모도 괜찮고, 생각나는 대로 쓰는 글도 괜찮다.

최근 트렌드와 이슈를 일목요연하게 설명할 수 있는가?

21세기는 '초테크 사회'라고 한다. 기술이 급속도로 고도화되고 진화하고 있기 때문이다. 2050년의 삶은 과연 어떤 모습일까? 미래는 예측하기 어렵지만, 현재의 첨단 기술을 잘 살펴보면 어느 정도 그림이 그려진다. 자동차가 하늘을 날고 로봇이 가정 일을 하고 우주도 마음대로 갈 수 있고 깊은 해저와 땅속에 아파트가 생기지 않을까?

현재의 트렌드와 이슈는 단연 '언택트'라고 할 수 있다. 언택트와 관련된 기술, 삶의 방식과 양식들이 우리들의 삶속에 빠르게 흡수됐다. 앞으로 어디를 가든 '키오스크', 'QR코드', '챗봇'이 낯설지 않다. 기존 삶과 다른 환경에 적응하려면 트렌드와 이슈에 주목해야 한다.

국내 대표적인 오픈마켓인 위메프에서 2020년 상반기의 매출 동향을 분석한 후 〈체인지(CHANGE)〉를 발표했다. 여기서 체인지란, '건강에 대한 관심'(Concern for Health), '홈코노미'(Home + Economy), '미세먼지 차단'(Anti-Dust), '새로운 소비 패턴'(New-Pattern), '새로운 취미'(Get new hobby), '이커머스(E-commerce) 강세'의 첫 글자를 조합한 단어다.

코로나19로 '건강'에 대한 관심이 커졌고 언택트와 관련된 소비가 급증하면서 '홈코노미' 관련 상품의 매출이 높아졌다. 집이 '휴식 공간'이 아니라 멀티홈으로 바뀌면서 홈영, 홈카페, 홈트 등과 관련된 상품 매출이 증가했다. 미세먼지 차단과 관련된 뷰티 제품, 마스크, 의류, 생활 가전 등의 매출도 크게 늘어났다. 비접촉 소비 경향으로 새롭게 자리잡은 소비 패턴에는 '언택트 소비'와 '실속형 소비'가 있다.

집에서 간편하게 먹을 수 있는 음식을 주문해 먹는 사람이 늘면서 식생활이 크게 변했다. 일상의 상호작용 방식이 비대면 소비 방식 선호로 바뀌면서 지난해 같은 기간에 비해 가정 간편식은 108배, 즉석 반찬은 22배 급증했다. 사회적 거리두기와 생활 속 거리두기로 자전거, 등산 캠핑과 관련된 아웃도어 상품 매출이 증가했고, 상추 모종, 텃밭 화분, 콩나물 재배기 등 집에서 식재료를 키우는 사람도 늘어났다.

코로나19 종식 시기를 가늠할 수 없는 상황에서 비대면·비접촉 소비를 선호하는 소비자가 늘어날 수밖에 없다. 이커머스 강세는 당분간 지속될 것이다. 모바일 쇼핑은 최적화 환경 속에서 편의성과 경제성을 동시에 경험할 수 있어 최고의 구매 만족감을 제공해준다.

매일 업무와 관련된 키워드를 검색하고 있는가?

현재 새로운 프로젝트를 진행하고 있다면 과업을 성공적으로 달성하기 위해 다양한 정보를 찾아보거나 분석해야 한다. 가장 쉽게 접근해볼 수 있는 방법으로는 '웹 검색'이 있다. 몇 번의 클릭만으로도 내가 원하는 정보를 찾을 수 있다. 좀 더 세부적인 정보를 찾고 싶을 때는 RSS(Rich Site Summary) 또는 구글 알리미(Google Alerts) 기능을 활용하기 바란다.

미션을 달성하기 위해 정기적인 목표를 세워 실천하고 있는가?

개인에게 있어 삶 목표는 좀 더 나은 자아실현을 할 수 있는 촉진제라고 할 수 있다. 매년 초 누구나 '나는 이것을 해보고 싶다.', '이것을 꼭 이룰 거야.', '새로운 도전을 해볼 거야.'와 같은 목표를 세운다. 사소하고 작은 목표라도 세워 실천하기 바란다. 정신 건강은 하나의 목표를 달성했을 때 느끼는 이상적인 상태를 의미한다. 건강한 정신은 목표가 있는 삶에서 나온다. 한 연구 결과에 따르면, 아무 계획 없이 휴식하고 있는 노인보다 작은 일이라도 지속적으로 하고 있는 노인이 건강하게 산다고 한다. 한적한 곳에서 조용히 휴식을 취하는 노인이 더 오래 살 것 같지만, 이와 정반대의 결과가 나타난 것이다. 또한 아무 계획 없이 살면 우울증이 악화될 가능성이 높다고 한다.

목표가 크든 작든 중요하지 않다. 거창할 필요도 없다. 단지 내가 하고자 하는 목표가 있는지, 없는지가 중요하다. 목표가 없다면 지금 당장 만들어보기 바란다.

삶의 의욕을 높이는 취미생활을 주기적으로 하고 있는가?

언택트 트렌드가 지속되면서 집콕 생활이 길어지고 있다. 이제 집이라는 개념이 홈피트니스, 홈카페, 홈오피스, 홈스쿨 등과 같은 멀티홈으로 바뀌었다. 집에서 오랫동안 머물기 때문에 취미 생활을 확장하는 것이 중요해졌다. 취미생활은 삶을 풍요롭게 하는 동시에 편안하고 명상적인 상태를 유지시켜준다. 또한 부정적인 생각과 스트레스를 줄이는 데 효과적이다. 나의 업무 기술이나 기량을 향상할 수 있는 취미생활에 관심을 가져보는 것은 어떨까?

업무 효율을 높이는 나만의 프로세스를 지니고 있는가?

누구나 업무를 효과적으로 진행할 수 있는 프로세스를 지니고 있다. 기획자, 영업자, 개발자 등에 적합한 도구를 지니고 있으면 업무 효율을 높일 수 있다. 업무를 진행하기 전 '현황 파악 – 원인 분석 – 대책 수립 – 세부 계획' 프로세스대로 접근하면 요약 및 정리를 할 수 있다.

'현황 파악'은 내외부적인 환경에 대한 이해와 파악이고, '원인 분석'은 '왜 이 업무를 진행하는가?', '현재 상황이 발생하게 된 이유는 뭔가?' 등을 찾아보는 것이다. '대책 수립'은 '해결책은 어떻게 찾을 수 있을까?', '대안은 뭘까?'를 만들어보는 것이다. '세부 계획'은 업무 진행에 대한 일정으로, 일목요연하게 정리는 것이 중요하다. 간트 차트는 일정 관리를 위한 바(bar) 형태의 도구로, 각 업무 사이의 관계를 살펴볼 수 있다.

"나는 효율적으로 시간을 관리하는 조련사다."라고 자신 있게 말할 수 있는가?

현대 사회를 살아가는 직장인에게 시간 관리는 선택이 아닌 필수다. 시간을 어떻게 분배하고 관리하느냐에 따라 업무 효율이 달라진다. 시간은 화살처럼 한 번 쏘면 다시 돌아오지 않는다. 시간 관리는 구체적이고 현실적이어야 한다. 시간 목표를 뚜렷하게 세워 효율적으로 관리할 필요가 있다.

하루 24시간은 누구에게나 공평하게 주어진다. 그렇지만 누구는 시간을 지배하고, 누구는 시간에 지배받는다. 이와 동시에 같은 시간이 주어져도 시간을 어떻게 관리하느냐에 따라 상황이 달라진다. 18세기 영국의 정치가이자 유능한 외교관이었던 필립 체스터필드(Philip Chesterfield)는 "제발, 꼭, 반드시 매초, 매분을 잘 관리하세요. 그러면 매시간은 저절로 관리될 것입니다."라고 말했다. 시간을 관리할 수 있는 사람은 인생을 관리할 줄 아는 사람이다. 시간은 사용하지 않으면 저절로 사라지는 소중한 자원이라는 것을 이해하고 시간 관리 조련사가 되기 위해 노력해보길 바란다.

"나는 멀티플레이어다."라고 자신 있게 말할 수 있는가?

바야흐로 철두철미하고 주도면밀한 업무 능력이 높게 평가받는 시대가 됐다. 기업은 직원들에게 더 많은 과업을 동시에 해내길 원한다. 즉, '멀티플레이어'를 요구하고 있는 것이다. 멀티플레이어가 돼야 하는 것이 시대적인 소명이 됐다. 기업은 포스트 코로나 시대에 예측할 수 없는 위기 상황에 대응하기 위해 고객 서비스 개선과 개인 역량 강화를 주문할 것이다. 나에게 주어진 업무 이상을 해낼 수 있는 '멀티플레이어'가 돼야 한다. 급속하게 변화하는 디지털 환경 또한 날이 갈수록 다양한 과업 처리 능력을 요구하고 있다.

멀티플레이어가 되려면 주어진 과업을 처리할 수 있는 집중력 향상과 업무 효율성을 높이는 기술을 익혀야 한다. '눈에서 멀어지면 마음까지 멀어진다.'는 말이 있다. 집중력은 어떻게 선택과 집중을 하느냐에 따라 결정된다. 잠시 한눈을 팔면 다른 생각에 빠지게 된다. 수영을 잘하다가 허우적거리는 것과 비슷하다. 현재 상황에 적절한 정보에만 집중하는 것이 필요하다. 현재 업무의 효율성은 어떻게 높일 수 있을까? 일차적으로 나에게 주어진 업무를 철저하게 분석하고 필요한 자원(프로그램, 인맥, 애플리케이션 등)을 계획한다. 과업이 원활하게 진행될 수 있도록 간트 차트를 만들어 스케줄을 관리하면 과정(현황, 문제, 해결)을 한눈에 파악할 수 있다.

우선순위 결정에 따라 하루를 시작하는가?

대부분의 직장인은 아침에 일어나 물을 마시거나, 세수를 하거나, 운동을 하거나, TV를 보거나, 스마트폰의 뉴스 기사를 본다. 기본적인 일이 끝나면 다음으로 중요한 일을 해야 한다. 우선순위를 결정하는 것이다. 오늘 나에게 주어진 일 중 가장 중요한 것을 먼저 선택해 해결해야 한다. 중요하지 않은 일은 오후로 미루거나 다음 날로 연기해 해결하는 업무 패턴을 만들 수 있다.

다양한 업무 중 우선순위를 결정하려면 지킬 수 없는 계획은 과감 없이 후순위로 미루고 실행할 수 있는 업무를 선택해야 한다. 중요도는 '별표 처리' 또는 '상중하'로 표시할 수 있다. 스마트폰의 스케줄 앱 또는 시간 관리 플래너를 활용하면 업무를 효과적으로 관리할 수 있다.

집중력을 높이는 환경을 만들어 집중하는가?

코로나19가 직장인의 모습을 바꾸고 있다. 가장 큰 변화는 평소 공공기관 중심으로 이뤄지고 있던 유연근무제와 스마트워크가 보편화되고 있는 것이다. 정부에서 코로나19의 예방 차원에서 유연근무제, 재택근무 등을 권장하면서 직장 문화에 큰 영향을 미쳤다. 유연근무제는 개인 상황에 따라 근무 시간을 조절하는 제도로, 업무를 다양한 형태로 처리할 수 있다. 정보 통신 기술의 발전으로 언제, 어디서나 업무를 처리할 수 있다.

직장 또는 집에서 업무를 진행할 때 어디에서 일하는 것이 더 집중이 잘될까? 집은 직장에서 일을 할 때보다 긴장감과 집중도가 떨어지기 때문에 처리 속도가 느려진다. 최근 들어 집이 멀티홈으로 인식되면서 업무 공간으로 바꿀 수는 있겠지만, 원룸일 경우에는 쉽지 않다. 집을 멀티홈으로 바꿀 수 없다면 집중력을 높일 수 있는 조용한 커피숍 또는 스터디 카페를 활용해보는 것도 좋은 방법이다. 집중력을 높이는 데 가장 중요한 것은 '시간 관리'와 '우선순위 결정'이다.

휴먼 네트워크를 폭넓게 구축하고 있는가?

사회생활은 사람과 사람이 지속적인 관계를 맺으면서 올바른 사회인으로 성장할 수 있는 기회를 만들어준다. 직장은 세상을 올바르게 살아갈 수 있는 무대라고 할 수 있다. 좀 더 나은 삶을 영위하려면 직장에서 나의 가치를 높이고 자아실현의 기회를 높일 수 있는 기회를 만드는 것이 중요하다. 누구나 한 번쯤 들어봤을 키맨(Keyman)과 멘토(Mentor)를 알아보자.

키맨은 나에게 발생한 문제를 곧바로 해결해줄 수 있는 전문가다. 대표적인 예로는 건강을 관리해주는 헬스 트레이너, 법적인 자문을 해줄 수 있는 변호사, 회계 관리에 도움을 주는 세무사를 들 수 있다. 한편, 멘토는 곁에서 꾸준히 응원해주는 인생 선생님이다. 현재 당신에게 멘토가 많다면 성공한 인생을 살고 있다고 말할 수 있다. 현재 나의 일을 도와줄 키맨과 만나줄 멘토가 과연 몇 명이 있는지 확인해보길 바란다. 코로나19로 만남이 대폭 줄어들고 있는 상황이지만 소통의 기회를 꾸준히 만들어 나가는 것이 필요하다.

나의 업무를 스토리텔러처럼 말할 수 있는가?

2020년 6월 23일 SK그룹 확대경영회의에서 SK그룹 최태원 회장은 계열사의 경영진에게 "스토리로 승부해야 합니다. CEO가 기업이 가진 매력을 어필할 수 있는 성장 스토리를 내보여야 합니다. CEO라면 구조적인 장애물을 해결하기 위한 자신만의 성장 스토리를 준비하고 출사표를 던져야합니다."라는 특명을 내렸다. 스토리텔링을 이용한 경영 방침을 피력한 것이다.

이처럼 지시만 내리는 경영인이 아니라 직원들에게 자신감을 고취시키고 영감을 주는 스토리로 회사의 미션을 내재화시키는 것은 중요해졌다. 개인 또한 스토리텔러가 되는 것이 중요하다. 내가 지니고 있는 기술, 강점, 장점 등을 서슴없이 말할 수 있는 역량이 필요하다. 스토리는 곧 나의 브랜드이자, 전문성을 제시할 수 있는 페가수스의 날개다.

미국의 서해안 도시인 캘리포니아주 샌프란시스코만에 위치한 실리콘밸리는 스타트업의 심장부이자 성지다. 이곳에서 암묵적으로 사용하지 않는 단어는 바로 '매출(Revenue)'이다.

IT 업계의 신화적 인물로, 구글 애드센스의 아버지라고 불리는 고쿨 라자람(Gokul Rajaram)은 세계적 기업인 구글, 페이스북, 스퀘어에서 임원으로 일했다. 그는 래리 페이지, 마크 저커버그, 잭 도시 경영자와 함께 회의를 하면서 경험한 바를 발표했다. 그 내용은 다음과 같다.

"그들은 직원들에게 '매출'이라는 단어를 전혀 사용하지 않았다. 치열한 시장에서 성장하고 승리하기 위한 기업의 미션과 실행 전략을 제시했을 뿐이다."

숫자와 수치가 아닌 스토리로 메시지를 전달했다는 것을 알 수 있다. 급변하는 사회 환경 속에서 개인의 역량과 브랜드 관리는 날이 갈수록 중요해질 것이다. 나를 타인에게 소개할 때 깊이 있고 호소력 있는 스토리텔링으로 공감대를 형성하길 바란다.

나에게 적합한 자기계발 계획을 수립하고 있는가?

새로운 기술의 도래로 "또다시 배워야 해?"라며 한숨이 나올 수 있다. 이제는 평생학습의 시대다. 60살이라면 노인이라고 생각하지만, 유엔이 2015년도에 새로운 연령 구분을 5단계로 나눠 발표한 자료를 보면 생각이 바뀔 것이다. 65세까지는 청년이고 80세부터 노년이다. 자기계발은 현대인이 거센 현실을 건강하게 살아갈 수 있는 상식과 양식을 제공해준다. 이와 더불어 고난과 역경을 이겨낼 수 있는 지혜를 습득할 수 있다. 1년 또는 3년 주기로 자기계발을 하자. 시대가 급속하게 변화하는 지금을 '평생학습 시대'라고 한다. 앞으로는 자기계발이 선택이 아니라 필수다.

포스트 코로나 이후 4차 산업 관련 기술은 좀 더 빠르게 우리 곁에 다가오고 노동 시장은 크게 달라질 것이다. 새로운 변화에 대응하고 적응하려면 배워야 한다. 쌍방향 의사소통 능력, 협업 능력은 개인에게 중요한 역량이다. 이를 효과적으로 실행하려면 지식의 습득이 필요하다. 저널리스트이자 베스트셀러 여류작가인 게일 시히(Gail Sheehy)는 "변화하지 않는다면, 성장할 수 없다. 그리고 성장하지 않는다면 그것은 사는 것이 아니다."라고 말했다. 개인이 이 세상을 살아가기 위해서는 변화하고 성장해야 한다는 메시지를 준다. 조금이라도 변화하고 싶다면 나 자신을 바꾸기 위해 노력해야 한다. 나 자신을 바꾸는 자기계발은 쉬운 일이 아니다. 꾸준히 노력하고 관심을 가져야 가능하다. 나를 위해 정기적으로 자기계발에 투자해보자.

UN이 발표한 새로운 연령 구분

0~17세까지	미성년자
18~65세까지	청년
66~79세까지	중년
80~99세까지	노년
100세 이후	장수 노인

매년 이력서를 업그레이드하고 있는가?

이력서는 나의 가치를 표현하는 현수막이다. 살아온 배경, 과업 수행 능력, 업무 스킬, 자기계발, 책임 의식 등을 일목요연하게 살펴볼 수 있다. 한 직장에서 평생 일할 수 있는 시대가 사라진 지금, 직장인은 직업인으로 업그레이드하는 것이 중요해졌다.

현재 나의 이력서를 살펴보자. 업데이트되고 있는지, 어디서부터 정체됐는지 체크해보자. 내가 지니고 있는 전문성과 역량에 시너지 효과를 창출할 수 있는 배움의 기회를 만들어보자.

IT 분야의 웹 디자이너라면 웹 기획 또는 웹 프로그램, 일반 기업의 홍보 기획자라면 글쓰기 과정 또는 마케팅을 배울 수 있다. 소상공인으로 회사를 키우고 개인 역량을 키우기 위해 온라인 사이버 대학교에 입학해 경영학을 배울 수도 있다. 요즘 온라인으로 손쉽게 교양 또는 자격증 과정을 수료할 수 있는 사이트가 많다. 매일 1시간씩 투자하면 한 달에 30시간, 1년이면 360시간이다. 1년 360시간 투자해 나의 이력서를 업그레이드해보자.

자기계발 웹사이트

국가평생학습포털 '늘배움'	http://www.lifelongedu.go.kr
경기도온라인평생학습서비스 '경기도지식(GSEEK)'	https://www.gseek.kr
서울시평생학습포털	http://sll.seoul.go.kr

언택트 시대 생존 방법

기업

	질문	답변
1	시장 트렌드와 고객 구매 행동을 분석하고 있는가?	
2	유연근무제를 도입할 수 있는가?	
3	중단 없는 업무 환경을 조성할 수 있는가?	
4	디지털 플랫폼을 적극적으로 활용하고 있는가?	
5	O2O 비즈니스 기회를 확보하기 위해 노력하고 있는가?	
6	고객이 추구하는 기대 가치를 파악하고 있는가?	
7	직원 간 오가는 노하우와 정보가 축적되고 활용되고 있는가?	
8	직원을 대상으로 지속적인 사내 교육이 진행되고 있는가?	
9	낯선 사람과 파트너 관계를 맺을 수 있는가?	
10	디지털 전환 시대에 최적화된 업무 방식을 도입하고 있는가?	
11	디지털 전환 시대에 언택트 비즈니스 리더십을 실천하고 있는가?	
12	고객의 '총체적 제품 경험(Total Product Experience)'을 관리하고 있는가?	
13	표면 아래에 있는 또 다른 경쟁자를 파악하고 있는가?	
14	인접 가능성(adjacent possible)을 혁신하고 있는가?	
15	시장 재포지셔닝이 가능한가?	

기업 체크리스트 설명

시장 트렌드와 고객 구매 행동을 분석하고 있는가?

올해 트렌드는 뭔가? 올해 고객은 어떤 기대 가치를 얻으려고 하는가? 이 질문에 적절한 대답을 할 수 있다면 시장과 고객을 어느 정도 이해하고 있다고 볼 수 있다.

사업자에게는 현재 시장의 변화를 읽고 고객 기대 가치를 파악하는 것이 중요하다. 현재 상황이 어떻게 될 것이라는 단서를 제공해주고 위기 상황에 대응할 수 있는 기회를 확보할 수 있기 때문이다. 매년 초에 발간되는 트렌드 도서를 읽으면 시장의 트렌드를 파악할 수 있다. 전문성 있는 연구 기관(삼성경제연구소, LG경제연구원)의 보고서를 살펴보면 비즈니스 기회 창출에 대한 도움을 받을 수 있다.

유연근무제를 도입할 수 있는가?

기업은 각종 위기에 대응할 수 있는 대안을 마련해야 한다. 위기에 적절하게 대응하지 못하면 비참한 결과를 맞이하게 된다. 코로나19는 경제적·사회적·정치적·문화적으로 큰 영향을 미치고 있다. 2020년 상반기에 물리적 이동이 정체되면서 영업 이익을 달성하지 못한 곳이 많다. 이에 기업 경영 환경이 급속히 냉각돼 버렸고 위기 상황에 놓여 있다. 이를 극복하기 위한 내·외부적인 노력이 필요하다. 특히 내부 고객인 직원을 생각해야 한다. 직원들의 업무 참여도와 만족도가 높아야 외부 고객에게 잘 전달되기 때문이다. 서비스와 상품을 구매하는 외부 고객도 중요하지만, 최종적으로 구매하는 상품은 내부 고객의 땀과 헌신으로 만들어지는 결산물이기 때문에 좀 더 많은 관심을 가져야 한다. 최근 정부에서 사회적 거리두기 정책으로 기업에게 유연근무제 도입을 권장하고 있다. 이 제도는 직장인이 근무 시간을 유지하면서 상황과 여건에 따라 출퇴근을 조절할 수 있고, 직원들의 행복과 복지 관련돼 있으며 코로나19에 대응할 수 있는 기회가 되고 있다.

리서치 기업인 엠브레인에서 직장인 1,000명을 대상으로 설문조사를 진행한 결과, 76%가 유연근무제 도입을 선호했다. 기업에서 유연근무제를 도입한 이후 직원들의 만족도가 높게 나왔다. 직원의 입장에서는 일과 가정 개인의 삶의 질을 높일 수 있고, 기업의 입장에서는 조직 문화 개선 효과와 구성원들의 업무 집중도를 향상시킬 수 있다.

중단 없는 업무 환경을 조성할 수 있는가?

언제 끝날지 모르는 코로나19가 기업 문화를 크게 바꾸고 있다. 사업자라면 뼛속 깊이 느끼고 있을 것이다. 회사는 여러 직원이 밀집해 업무를 보는 공간으로, 코로나 환자 한 명이 발생하면 큰 손해를 보게 된다. 며칠 동안 폐쇄가 이뤄지고 업무가 진행되지 않을 수 있다. 이런 상황을 초래하지 않기 위해서는 사무실 업무 환경을 바꿔야 한다. 출근 전 입구에서 온도 측정하기, QR코드 기반의 전자 출입 명부, 직원 간 거리두기, 청결 유지하기 등을 실행해야 한다. 더 나아가 스마트워크와 유연근무제를 도입할 수 있다. 기업의 미션을 달성하는 데는 중단 없는 업무 환경 조성이 필요하다.

디지털 플랫폼을 적극적으로 활용하고 있는가?

1929년에 시작된 사상 최대의 대공황, 1973~1974년과 1978~1980년 2차례에 걸친 석유파동, 2008년 미국에서 초래한 글로벌 금융위기 사태에도 국가 간 물리적인 이동은 가능했다. 하지만 코로나19는 생산과 소비, 교육과 생활, 소비와 이동 등 모든 것을 마비시켰다. 경제활동 영역과 산업 분야에 미친 파장은 가늠하기 힘들 정도다. 이런 상황에서 기업은 디지털 플랫폼을 전략적으로 활용하는 것이 필요하다. 기업의 지속 가능한 경영 활동에 있어 '협업이 가능한 클라우드 시스템', '실시간 소통이 가능한 메신저', '브랜드 관리 고객 소통을 위한 소셜 네트워크 서비스', '고객 서비스 향상을 위한 챗봇', '실시간 쌍방향 소통이 가능한 화상회의' 등을 적극적으로 도입할 필요가 있다.

국내 스마트폰 보급률이 95%를 상회하면서 성인 10명 중 9명이 스마트폰을 사용할 정도로 스마트폰 보급률은 세계 최고 수준이다. 스마트폰이 널리 보급되면서 온라인과 오프라인의 경계선이 모호해지고 있다. 언제 어디서나 인터넷에 접속해 상품의 가격 비교, 예약, 구매, 취소가 가능하다. O2O는 단어 그대로 온라인과 오프라인이 결합하는 현상으로, 전통적인 벽을 허무는 IT 용어로 인식하고 있다. 정보 생산과 유통 비용이 저렴한 온라인과 실제 구매가 발생하는 오프라인의 장점을 융합해 새로운 비즈니스 기회를 만들어보자는 의도로 탄생했다.

국내의 O2O 애플리케이션으로는 '손쉽게 모바일 홈페이지 구축이 가능한 네이버 모두 홈페이지', '초소량 번쩍배달과 무엇이든 다 있는 배달의 민족', '좋은 집을 구하는 기술을 알려주는 직방', '내 취향에 맞는 전국 모든 숙소를 한 번에! 여기어때', '집안의 중고물품을 빠르게 거래할 수 있는 번개 장터', '몇 번의 클릭으로 수분 안에 배차되는 카카오택시', '더욱 편리하게 여행을 즐길 수 있는 방방콕콕', 'QR코드로 상품 구매가 가능한 스마트 쇼핑' 등이 있다. 위와 같은 애플리케이션을 이용해본 사용자라면 삶의 편의성과 선택의 폭을 넓혀주고 있다는 것을 알 수 있다. 만약 이 애플리케이션이 없는 세상을 상상할 수 있을까?

현재 O2O는 소비자의 구매 활동에서 없어서는 안 될 만큼 깊숙이 침투해 있다. 소비자들은 몇 번의 클릭만으로도 다양한 정보를 얻을 수 있고 최적의 상품을 선택할 수 있는 영역권이 좀 더 확장됐다. 기업은 언택트 경제의 도래와 디지털 전환이 맞물려 시장의 변화에 대응해야 하는 시점에 놓여 있다. 우리 기업은 O2O 비즈니스 기회를 확보하기 위해 노력하고 있는지 체크해봐야 한다.

고객이 추구하는 기대 가치를 파악하고 있는가?

코로나19로 도래한 언택트 경제는 전방위적으로 기업에게 영향을 미치고 있다. 한치 앞을 예측할 수 없는 환경이 도래한 것이다. 이를 계기로 어떤 기업에게는 도약의 기회가 될 수 있지만, 어떤 기업에게는 위기 상황이 될 수 있다. 위기 상황에 제대로 대응하지 못하면 시장에서 퇴출된다. 기업은 새로운 변화에 휩쓸리지 않기 위해 기민하게 움직여야 한다. 따라서 내·외부 환경에 대한 철저한 분석과 시장에 적응할 수 있는 선택과 집중이 필요하다.

기업이 가장 먼저 접근해야 할 영역은 고객의 기대 가치다. 고객이 우리 상품을 구매하면서 무엇을 느끼고 어떤 것을 요구하는지 파악해야 한다. 이미 비대면과 비접촉은 필연적인 고객 서비스로 인식되고 있다. 상품 품질과 서비스가 우수하더라도 고객의 구매 행동에 언택트가 빠져버리면 이탈을 초래한다. 우리 고객이 어떤 기대 가치를 요구하는지 체크하는 것은 중요한 경영 활동이다.

직원 간 오가는 노하우와 정보가 축적되고 활용되고 있는가?

내부 고객인 직원은 자사 상품과 서비스를 잘 파악하고 있으며, 외부고객과 소통하면서 다양한 정보를 습득한다. 직원은 온라인에서 상품을 판매할 때, 오프라인 매장에서 고객을 응대할 때 미처 알지 못했던 정보를 알게된다. 이런 소소한 정보가 하나둘씩 모여 기업의 경쟁력과 역량이 된다. 업무 현장에서 발생하는 직원의 소소한 정보를 가볍게 여기지 말고 '자산'으로 생각해야 한다.

'상품의 성능과 서비스를 업그레이드할 수 있는 직원의 제안', '고객이 상품 구매로 얻는 경험', '상품 사용 후 느끼는 장단점', '상품에 대한 궁금증을 물어보는 전화 문의', '직원들의 아이디어 회의' 등을 축적하고 경영 일선에 활용해야 한다.

언택트 소비 환경으로 고객이 추구하는 가치가 상향 조정됐고, 소비 패턴이 바뀌고 있다. 이를 현실적으로 파악하고 있는 주인공이 바로 '직원'이다. 기업은 직원이 고객과 소통하면서 얻게 된 정보와 문제 해결에 대한 노하우를 확보해야 한다. 직원들이 아이디어를 내놓을 수 있는 환경을 조성하고 적극적으로 소통할 수 있는 기회를 만드는 것이 중요하다.

직원을 대상으로 지속적인 사내 교육이 진행되고 있는가?

'10년이면 강산이 변한다.'라는 속담처럼 기업 환경의 패러다임이 급속하게 바뀌고 있다. 2020년 상반기에 코로나19가 사회 · 경제적으로 영향을 미치게 되면서 기업은 환경 변화에 대응할 수 있는 여유가 없었다. 언택트가 무엇이고 어떻게 접근을 해야 하는지도 잘 몰랐다. 몇몇 큰 기업은 제대로 된 조치를 취하지 못해 방역과 폐쇄라는 적지 않은 손실을 입었다. 반면, 코로나19 대응에 대한 사내 교육을 추진한 기업은 이를 극복할 수 있는 기회를 마련했다. 사내 교육이 지속적으로 진행되면 직원들의 대응력을 높일 수 있다.

언택트 시장 경제로 첨단 기술이 쏟아져 나오고 있고 다양한 영역에서 활용되고 있는 상황이다. 기업은 새로운 기술과 트렌드를 학습해야 한다. 이는 직원의 직무수행에 필요한 능력을 개발하고 조직의 역량을 증진시킬 수 있다. 또한 핵심 인재를 양성하는 초석을 마련할 수 있다. 사내 교육을 이용해 직원들이 시장 변화에 따른 표준을 이해하고 현 상황을 적절하게 대응할 수 있는 기회를 만들어보길 바란다.

낯선 사람과 파트너 관계를 맺을 수 있는가?

만약 "우리 회사는 제조업이라 안 돼!", "우리 매장은 이런 서비스를 이용하지 않아!", "과연 고객이 올까?"라는 생각을 하고 있다면, 잠재고객을 놓치고 있는 것이다. "우리 상품은 꼭 여기에서만 만들 수 있어."라고 단정 짓게 되면 매출 확보가 한정적일 수밖에 없다. 다양한 업체와 제휴해 영역을 확장하는 것이 중요하다. 이를 '컬래버레이션(collaboration)'이라 한다. 각기 다른 분야의 브랜드가 손을 잡고 새로운 소비 문화를 창출하는 것을 말한다.

한 예로 치과를 이용하면 와인 전문점에서 5,000원 할인을 받을 수 있다거나 레스토랑을 2회 이용하면 커피 전문점에서 고급 원두커피를 마실 수 있는 혜택을 제공할 수 있다. 낯선 사람이라면 이질적인 업종도 괜찮다. 제휴를 폭넓게 늘려 매출 극대화의 기회를 만들어보길 바란다.

디지털 전환 시대에 최적화된 업무 방식을 도입하고 있는가?

디지털 전환은 시대적으로 거스를 수 없는 흐름이다. 이 흐름에 잘 적응하지 않으면 생존과 폐업이라는 갈림길에 내몰리게 된다. 이에 기업은 전통적인 관행을 타파하고 새로운 표준과 소통 방식을 수용하는 것이 중요하다. 여기서 표준은 기술, 양식, 규정 등으로 설명할 수 있다. 언택트 시대가 되면서 기업은 직원의 건강과 복지에 더욱 신경 써야 한다. 코로나 확진자가 나오면 자원 손실이 발생하기 때문이다. 고객의 구매 의사 과정에서도 만족도 제고와 풍성한 경험을 충족시키기 위해 노력해야 한다. 비대면 구매로 그 어느 때보다 선택 사항이 많아졌기 때문이다.

소통 방식은 수평적인 커뮤니케이션을 의미한다. 디지털 전환 시대에 과거의 지시적이고 수직적인 업무 흐름은 맞지 않다. 내·외부 환경에서 발생하는 다양한 문제를 해결하는 과정이 몇 단계에 걸쳐 이뤄지는 것은 비효율적이다. 문제의 중요도에 따라 일선 현장의 직원이 해결할 수 있는 업무는 권한을 위임해 처리하도록 해야 한다. 기업이 좀 더 민첩하게 움직이는 것은 경쟁력을 확보하는 계기를 마련하는 동시에 생존율을 높이는 조건이 돼 버렸다. 피해갈 수 없는 디지털 전환 시대에는 최적화된 업무 방식의 도입을 고민해봐야 한다.

디지털 전환 시대에 언택트 비즈니스 리더십을 실천하고 있는가?

코로나19 팬데믹이 기업에게 끼친 영향은 엄청 크다. 언제 어디서 예측할 수 없는 상황이 초래될 수 있다는 것을 배웠고 실시간으로 시장과 고객을 대응해야 한다는 것을 새삼 알게 됐다. 이에 경영자에게 강한 리더십을 요구하고 있다. 언택트 비즈니스 리더십은 사장이 '시장 변화'와 '고객 기대 가치'를 이해하고 발빠르게 의사결정을 내리는 것을 의미한다. '시장의 어떻게 변화하고 있는가?', '고객은 무엇을 얻고 싶은가?'를 끊임없이 질문해야 한다. 또한 나보다 잘 아는 사람을 활용할 줄 알아야 한다. 내부 직원의 목소리에 귀를 기울이거나 외부 전문가를 초청해 도움을 받을 수 있는 기회를 만드는 것이 필요하다.

성인 2명 중 1명이 스마트폰을 지니고 있는 우리나라! 고객은 정보 탐색과 비교 검색 과정으로 상품 선택의 폭이 넓어졌고 언택트 환경에서 풍부한 구매 경험을 요구하고 있다. 디지털 전환 시대는 과거 어느 때보다 변화의 민감도가 빠르다. 사장은 언택트 비즈니스 리더십 발휘로 시장 환경 변화에 대응하고 고객 기대 가치를 높일 수 있도록 노력해야 한다.

달팽이는 두개의 더듬이를 지니고 있다. 한 개는 눈, 다른 한 개는 코의 역할을 한다. 동시에 냄새를 맡기도 한다. 사장 또한 달팽이의 더듬이처럼 다각도로 접근하고 수용할 수 있는 마인드를 갖는 것이 중요하다.

남아프리카 공화국 최초의 흑인 대통령이자 인권운동가인 넬슨 만델라는 "세상에서 가장 어려운 일은 세상을 바꾸는 것이 아니라 당신 자신을 바꾸는 것이다."라고 말했다. 언택트 비즈니스 리더십이 효과적으로 발휘되기 위해서는 사장의 마인드가 바뀌어야 한다. 현장에서 말이 아닌 행동으로 솔선수범을 해야 직원들에게 영향력을 발휘할 수 있다. 행동하지 않는 꿈은 백일몽이라는 사실을 명심하기 바란다.

고객의 '총체적 제품 경험(Total Product Experience)'을 관리하고 있는가?

제품이 고객에게 팔리면 관계가 끝나는 것이 아니다. 구매 후에도 고객 관계가 연결된다. 구매 만족도가 높으면 리뷰 평점이 높게 나오고 잠재 구매자에게 추천의 기회를 제공할 수 있다. '총체적 제품 경험'은 고객이 제품을 구매, 배달, 사용, 사후 만족도까지 관리하는 것을 말한다. 언택트 시대가 되면서 고객은 집에 앉아 최상의 제품 구매를 위해 정보 탐색과 비교 검색을 한다. 상품 선택의 폭이 넓어진 만큼 다른 상품을 구매할 가능성이 높아진 것이다.

고객에게 우리 제품의 스토리텔링이 잘 구현되고 있는지, 우리 제품을 어떻게 구매했는지, 제품의 어디가 좋아 구매했는지, 구매하면서 고객이 느끼는 기대 가치는 무엇인지, 사용 후 만족도는 어떤지, 우리 제품을 재구매하고 있는지 등을 체크하는 것이 중요해졌다.

고객을 가볍게 보면 안 된다. 언제든지 이탈할 수 있기 때문이다. 고객은 풍족한 상품 정보의 인프라 속에서 살고 있다. 최상의 제품 선택을 위해 복잡한 구매 의사 결정 과정을 마다하지 않는다. 우리 제품이 고객에게 설득적인 스토리텔링을 제안하고 차별적인 경험성을 제공하고 있는지 체크해야 한다. 고객이 우리 제품을 처음 만나는 순간부터 재구매가 이뤄지는 과정까지 관리하는 것은 경쟁력을 높이는 최선의 방법이다.

표면 아래에 있는 또 다른 경쟁자를 파악하고 있는가?

"우리 경쟁자는 누구다."라고 단정지을 수 있는가? 업종에 한계를 둘 수 없는 상황이다. 경쟁자가 다른 곳에 있을 수도 있다. 갑자기 우리 매장에 오던 고객이 줄어들고 있거나 스마트 스토어에서 꾸준히 판매가 되던 상품이 팔리지 않는 경우가 발생하면 빨간불이 들어온 것이다. 현황 파악과 원인 분석이 폭넓게 이뤄져야 한다.

온라인 쇼핑몰의 경우 같은 품질 옵션이면서 판매 가격이 할인돼 판매되고 있는지, 같은 상품이지만 쿠폰 제공 또는 적립 포인트를 더 높게 제공하는지 분석해야 한다. 오프라인 매장의 경우 주변에 새롭게 오픈한 매장이 존재하는지, 고객이 왜 오픈한 매장으로 이동하는지, 고객에게 기대 이상의 가치를 제공하는지 등을 살펴봐야 한다. 고객 입장에서 다른 상품 구매를 통해 동일한 효용(상품 구매로 고객이 얻게 되는 주관적인 만족도)을 얻을 수 있다.

인접 가능성(adjacent possibility)을 혁신하고 있는가?

인접 가능성은 이론 생물학자인 스튜어트 카우프만(Stuart A. Kauffman)이 말한 개념으로, 선택할 수 있는 다양한 방법과 접근할 수 있는 환경적 경계를 의미한다. 즉, 기업을 둘러싸고 있는 다양한 환경적인 가능성을 말한다. 우리가 사용하고 있는 노트북, 냉장고, 라디오, 공기청정기는 다양한 집적 기술과 아이디어가 융합돼 만들어졌다. 한 사람의 아이디어가 아닌 수많은 발명가의 아이디어가 모여 탄생한 부산물이다. 1+1은 2가 되지만 1+∞는 ∞가 된다. 디지털 혁명이 우리에게 혜택을 제공하고 있는 이유는 '∞'의 여러 가지 선택안이 융합됐기 때문이다.

현재 당신은 '사다리타기 게임'을 하려고 한다. 세 개의 사다리가 놓여 있다. 각각의 사다리에는 50점, 51점, 52점이라는 점수가 매겨져 있다. 최종적으로 도착하면 두 배의 점수를 받는다.

여러분은 한 개의 사다리로 내려가는 것보다 세 개의 사다리를 거쳐 도착하는 것을 선호할 것이다. 하나보다 여러 사다리를 걸치면 점수가 더 높아지기 때문이다. 이를 기업에 적용하면 한 가지 선택 사항이 아닌 다양한 선택지를 조합해볼 수 있다. 오프라인 유통 사업자라면 O2O 비즈니스를 진행할 수 있으며, 단일 상품 패키지라면 다양한 형태로 바꿔볼 수 있다. 공기청정기가 꼭 집안에 있을 필요는 없다. 목걸이형으로 만들어 야외에서 사용할 수도 있다. 상품 가격 정책 또한 할인 가격, 한정 가격, 묶음 가격 등으로 변화를 꾀할 수 있다. 인접 가능성은 기업의 무한한 가능성을 펼칠 수 있는 기회를 만들어줄 것이다.

시장 재포지셔닝이 가능한가?

포지셔닝은 '경쟁사 대비 좀 더 나은 편익 제공으로 소비자의 마음속에 자사 상품 브랜드를 구매하도록 위치화하는 것'으로, 상품의 특성을 정확하게 인식하도록 알려주는 과정이다. 유리한 시장 지위를 확보하려면 자사 분석, 고객 분석, 경쟁 분석 등을 바탕으로 차별성과 경쟁력을 제시할 수 있어야 한다(출처: 장종희,《나는 네이버 스토어 마케팅으로 돈 번다》, 에듀웨이).

우리 상품은 고객에게 어떤 포지셔닝으로 접근하고 있는지 파악하고 수정할 수 있는 기회를 만드는 것이 중요하다. 포지셔닝 전략 수립의 기본 기준에는 가격, 서비스, 기술, 용도, 유통 경로, 품질, 브랜드 선호도가 있다. 시장 재포지셔닝은 상품이 지니고 있는 고유의 브랜드 이미지를 변경하는 것이다. 즉, 접근과 표적 고객을 수정하는 것이다. 한 예로 연필은 10대 학생들이 구매하는 학습 도구다. 그렇지만 조금 확장해서 접근해보면 미술가에게는 드로잉 도구로, 친구에게 주는 생일선물로 구매할 수 있다.

시장 재포지셔닝 접근 전략에는 '침투 전략'과 '적대 전략'이 있다. '침투 전략'은 틈새 영역을 공략하는 것으로 세분화와 타깃팅을 세우는 것을 의미한다. 판로 개척의 일환으로 수익 창출과 고객 발굴을 기대해볼 수 있다. '적대 전략'은 말 그대로 경쟁 상품과 비슷한 상품을 판매해 매출과 시장 점유율을 낮추는 것을 의미한다. 시장에서 어느 정도 성공한 상품일 경우, '따라 하기' 방식으로 신상품이 연이어 출시되는 것을 말한다. 소상공인과 중소 · 중견 기업의 경우 '적대 전략'보다 '침투 전략'이 접근하기 쉽다. 고객의 요구와 필요를 체계적으로 분석하고 진입 시장을 선택해 집중적 또는 차별적인 마케팅 전략을 수립할 수 있다.

언택트 경제의 도래로 디지털 전환은 더욱 가속화될 것이다. 기존 사고 방식으로는 예측할 수 없는 쓰나미를 이겨낼 수 없다. 시장의 경쟁 강도가 강해질 것이고 고객에게 관심을 가져주지 않으면 충성을 하지 않는다. 시장은 기업에게 새로운 도전과 응전을 요구하고 있다. 하나의 상품과 서비스로 100년 이상 장수하는 것은 이제 옛말이다. 시장 재포지셔닝을 이용해 경쟁우위를 확보하고 시대의 변화에 따라 진화하는 고객의 욕구를 충족시켜줄 수 있어야 한다.

04

언택트 시대
자가진단 체크리스트

언택트 시대가 도래하면서 우리는 예측하기 어려운 변화의 물결 속에서 살고 있다. 과거 그 어느 때보다 정보가 많아졌으며, 국제적인 이슈와 문제가 숨고를 사이 없이 다가오고 있다. 이에 새로운 패러다임 변화에 대한 적응이 필요하다. 코로나19는 갑작스럽게 다가와 물리적 거리 단절에서 일체의 사회 경제 활동에 이르기까지 우리 모두를 위협하고 있다. 집안에서 생활할 때, 직장에서 업무를 볼 때, 식당에서 식사할 때, 대중교통을 이용할 때는 항상 주의해야 한다. 소소한 행동 하나하나에 관심을 가져야 하는 시대에 살고 있는 것이다. 우리는 지금 새로운 변화와 도전에 적응하고 체계적으로 대응할 수 있는 준비를 해야 한다.

다음은 언택트 시대에 '나는 제대로 준비하고 있는가?'를 자가진단해 볼 수 있는 체크리스트다. 현재 상황을 판단하고 준비하며 어떻게 실행해야 하는지 알아보는 기회가 되길 바란다.

변화력

미국 역사상 가장 젊은 대통령 존 F 케네디는 "변화란, 삶의 법칙과 같은 것이다. 과거와 현재만 보는 사람은 미래를 놓칠 가능성이 매우 크다."라고 말했다. 우리가 살고 있는 현재는 수많은 법칙이 존재한다. 오랜 역사와 경험을 통해 만들어지고 있는 기존 법칙은 시대적 상황에 따라 변화하고 사라진다. 변화에 대한 체감 속도는 빨라지고 있으며, 대응해야 하는 삶의 법칙이 많아지고 있다. 과연 당신은 변화에 잘 대처하고 있는가?

학습력

바야흐로 평생교육의 시대다. 배움이 곧 경쟁력이고 나의 가치를 높이는 이정표가 되고 있다. 사회와 직업이 변화하고 있는데 계속 현재에만 머물고 있다면 급속한 변화의 물결에 휩쓸리고 만다. 마하트마 간디는 "미래는 지금 우리가 무엇을 했는지에 달렸다."라고 말했다. '지금 나는 무엇을 하고 있는가?'가 아니라 '나는 무엇을 배우고 있는가?'로 접근한다면 현재는 미래의 시작이며, 현재가 없으면 미래도 없다는 것을 알 수 있다. 과연 당신은 예측할 수 없는 상황에 대처하기 위해 학습을 하고 있는가?

적응력

2020년 우리들은 '언택트 시대', '뉴노멀 시대', '디지털 전환'이라는 새로운 도전에 직면해 있다. 기존에 느껴보지 못했던 새로운 규정과 기준에 적응해야 한다. 이에 적응하지 못하면 거센 퍼펙트 스톰이 휩쓸고 지나간

듯 공허함과 허무함을 경험하게 된다. 변화에 도태되지 않기 위해서는 면역력을 키워야 한다. 과연 당신은 변화의 파고를 이겨낼 수 있는 면역력을 키우고 있는가?

준비력

우리나라 속담 중에 '솥 씻어 놓고 기다리기'가 있다. 어느 때나 솥에 음식 재료를 넣고 끓일 수 있도록 사전에 깨끗이 씻어 놓으라는 뜻이다. 모든 일이 원활하게 진행되기 위해서는 사전에 준비해 놓고 기다리는 것이 중요하다. 직장에서 업무를 진행할 때, 집에서 원격근무를 할 때, 화상 미팅을 할 때 등 사전에 준비하는 것은 업무 효율을 높이는 수단이 된다. 사전에 나에게 필요한 것은 무엇인지 관심을 갖는 것이 중요하다. 과연 당신은 사전에 준비하는 습관을 갖고 있는가?

체크리스트는 각 유형마다 25문항이다. 각 문항 당 '예'는 2점, '아니오'는 0점이다. 최대 점수는 50점이다. 각 항목에 체크한 점수를 종합해 유형 레이더차트에 적용하면 자기진단을 확인해볼 수 있다.

변화력

번호	질문	예(2점), 아니오(0점)
1	언택트 시대가 도래하고 있다는 것을 뼈저리게 느끼고 있다.	
2	나는 일 자체가 지닌 가치나 과정을 중시한다.	
3	지금 내가 하고 있는 일은 가슴 뛰는 일이다.	
4	나는 정기적으로 설정한 목표를 체크한다.	
5	일상생활 속에서 책임감을 갖고 실행한다.	
6	나는 국내외 정세를 폭넓게 이해하고 있다.	
7	나는 나를 브랜드화하기 위한 전략을 수립할 수 있다.	
8	나는 나의 장단점을 확실히 알고 포착한 기회에 집중한다.	
9	나는 매일의 삶이 의미가 있으며, 인생의 목표와 연결돼 있다.	
10	나는 미래지향적이며 나 자신에게 투자하고 있다.	
11	자신의 약점을 숨기지 않으며 진솔하게 소통한다.	
12	다른 사람을 설득할 수 있는 힘이 있다.	
13	나는 SNS 채널에 정기적으로 소식을 업데이트한다.	
14	업무 문제 해결을 위한 인적 네트워크가 풍부하다.	
15	디지털 중심의 새로운 기술을 활용하기 위해 노력한다.	
16	좋은 아이디어가 있으면 바로 실행에 옮긴다.	
17	남들이 보지 못하는 시장의 기회를 포착한다.	
18	업무 중에 생긴 오류와 문제에 대한 대안책을 빨리 찾아낸다.	
19	신규 프로젝트에 참여하게 될 경우 생각과 아이디어를 주도적으로 많이 내놓는다.	
20	나는 프로젝트 변화에 민첩하게 대처한다.	
21	새로운 업무가 주어지면 내용에 대한 이해와 파악력이 뛰어난 편이다.	
22	어떤 능력을 우선적으로 개발해야 하는지를 생각하고 있다.	
23	미래의 목표 달성을 위해 머릿속으로 이미지 트레이닝을 한다.	
24	좀 더 나은 성과를 창출하기 위해 새로운 가치를 만들어내려고 한다.	
25	미래에 대해 나 자신과 대화를 많이 한다.	
합계		

학습력

번호	질문	예(2점), 아니오(0점)
1	1년 또는 3년 주기로 자기계발을 한다.	
2	나는 자기계발이 왜 필요한지 설명할 수 있다.	
3	나는 자기계발을 하지 못하는 이유를 알고 있다.	
4	자기계발이 개인의 역량을 키울 수 있다는 것을 이해하고 있다.	
5	나의 10년 후 모습이 생생하게 그려진다.	
6	나는 나에게 적합한 자기계발 계획을 수립할 수 있다.	
7	나만의 자기계발 법칙이 있다.	
8	나는 자기계발을 통해 성장한다.	
9	나는 관심 분야에 대한 키워드와 업계 뉴스를 살펴보고 있다.	
10	업무에 활용할 수 있는 전문성과 지식을 얻기 위해 학습한다.	
11	직업을 통해 경험과 배움의 견문을 넓히고 있다.	
12	모든 이에게 배울 준비가 돼 있다.	
13	키맨과 멘토를 정기적으로 만나 지혜를 얻는다.	
14	신문, 잡지 등 정보지를 읽고 메모한다.	
15	나에게 필요한 행사 및 세미나에 참가한다.	
16	자기계발을 통해 궁극적으로 도달하려는 목표가 있다.	
17	지속적으로 질문하고 성찰하면서 학습한다.	
18	나는 다른 업종에도 늘 관심을 두고 있다.	
19	나의 강점과 재능 향상에 필요한 교육을 받고 있다.	
20	최근 현황과 트렌드를 설명할 수 있다.	
21	나만의 스트레스 해결법을 갖고 있다.	
22	새로운 정보 습득에 대한 호기심이 많다.	
23	TED와 같은 전문성 있는 동영상 채널을 활용한다.	
24	국가 공인 자격증을 3개 이상 소유하고 있다.	
25	한 달에 책을 1권 이상 읽는다.	
합계		

적응력

번호	질문	예(2점), 아니오(0점)
1	언택트 시대의 새로운 기술들을 다루는 데 익숙하다.	
2	나는 디지털 시대의 업무 방식을 빨리 받아들인다.	
3	나는 자율적으로 업무를 수행한다.	
4	나는 나의 역량을 창출하며 즐기면서 일한다.	
5	겸손하고 자신의 약점을 숨기지 않으며 진솔하게 소통한다.	
6	곤란한 일을 당해도 해결 의지가 강하다.	
7	나는 감정을 잘 조절할 수 있다.	
8	나는 부정적 비판과 피드백에 열려 있다.	
9	나는 규칙적으로 휴식 시간을 갖는다.	
10	나는 나의 내면(인내심/긍정적인 마음)을 관리할 수 있다.	
11	나는 합리적으로 의사결정을 할 수 있다.	
12	나는 하고 싶은 일을 찾아서 한다.	
13	나는 일을 시작하면 포기하지 않고 마무리 짓는다.	
14	나는 목표 실현을 위해 사소한 것을 뒤로 미룬다.	
15	나는 나의 꿈을 실현하는 데 어떤 역량이 필요한지 알고 있다.	
16	내가 맡고 있는 분야에서 높은 성과를 내고 있다.	
17	내가 맡고 있는 분야에서 전문가가 되겠다는 목표를 갖고 업무에 적응한다.	
18	새로운 프로젝트 수행 시 구성원 각자에게 어울리는 역할과 책임을 확정해준다.	
19	관계의 상호 의존성을 인식하고 주변을 빛냄으로써 전체를 빛나게 하려고 한다.	
20	나는 내 업무 이외에 다른 업무를 융합해 진행할 수 있다.	
21	어떤 문제를 결정하거나 행동으로 옮기기 전에 동료의 상황이나 의견을 듣는다.	
22	완벽하지 않은 팀워크라도 결과를 위해 최선을 다한다.	
23	나보다 주변 환경에 더 많은 의미를 부여하고 더 많이 이해하려고 한다.	
24	나는 직업인으로서 나의 발전 목표를 스스로 수립할 수 있다.	
25	나는 노동 시장의 변화에 적응하고 대처할 수 있다.	
합계		

준비력

번호	질문	예(2점), 아니오(0점)
1	나는 업무에 필요한 것이 무엇인지 이해하고 있다.	
2	나는 업무를 할 때 충분히 사전 계획을 세워 진행한다.	
3	명확한 성과를 도출하기 위해 동기 부여를 하고 목표를 설정한다.	
4	해야 할 업무에 대한 사전 점검을 진행한다.	
5	업무 실행을 위해 과정을 체계적으로 관리한다.	
6	일일, 주간, 월간, 일년 계획표를 세워 행동한다.	
7	오늘과 다음 날에 먼저 해야 할 일을 파악하고 있다.	
8	큰 프로젝트는 작은 업무로 쪼개 처리한다.	
9	나는 일을 시작하기 전에 업무에 필요한 체크리스트를 만들어 사용한다.	
10	내가 해결하지 못하는 문제를 사전에 파악해 주위의 도움을 요청한다.	
11	나는 프로젝트에 관계된 사람들과 상호 소통한다.	
12	나는 회의 시작 10분 전까지 모든 준비를 마친다.	
13	업무의 실행력을 높이기 위해 아이디어 도구를 활용한다.	
14	나는 나의 경력 관리에 많은 신경을 쓰고 있다.	
15	새로운 나의 역할 변화를 느끼고 대응하고 있다.	
16	남보다 한발 앞서 가려는 마음이 강하다.	
17	자신이 선택하려는 길에 대해 먼저 걸어간 사람들을 조사해 본다.	
18	내가 하고 있는 일이 미래에도 필요한 기술인지 알고 있다.	
19	자기 자신에 대해 객관적으로 파악하고자 노력한다.	
20	명함에 회사나 직함 외에 브랜드를 알리는 사명이 담겨 있다.	
21	나는 지금보다 나은 미래를 위해 자본을 만들고 있다.	
22	나는 미래 고객의 리스트를 작성하고 있다.	
23	언택트 시대에 효과적인 소통 방법을 이해하고 있다.	
24	나는 새로운 일을 시작할 때 가족과 친구의 지지를 받는다.	
25	일생에 대한 주체성을 느끼며 미래의 삶을 준비한다.	
합계		

유형 레이더 차트 분석

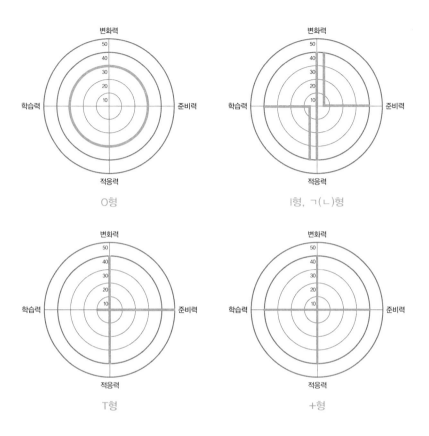

O형

I형, ㄱ(ㄴ)형

T형

＋형

'O'형   4개 영역에서 모두 35점 미만

- 언택트 시대의 파고를 넘기 위해 각 분야에서 좀 더 많은 노력이 필요한 그룹이다. 변화력, 학습력, 적응력, 준비력 모두 재점검이 필요하다. 현재 나의 상황을 구체적으로 파악해 +형이 되기 위한 노력이 필요하다.

'I'형, 'ㄱ(ㄴ)'형 4개 영역 중 한 영역 또는 두 영역에서 35점 이상

- 하나 또는 두 영역에 탁월하게 대처하고 있는 그룹이다. 이러한 유형의 사람은 특정한 분야에 뛰어난 편이다. 하지만 부족한 영역에 대한 대응 및 준비가 필요하다.

'T'형   4개 영역 중 3개 영역에서 35점 이상

- 현재 상황을 잘 준비하고 있는 그룹이다. 다양한 영역을 융합할 수 있는 역량을 갖고 있다. 부족한 한 개의 영역에 대한 대응 및 준비가 필요하다.

'+'형   4개 영역에서 모두 35점 이상

- 언택트 시대의 변화와 도전에 잘 적응하는 그룹이다. 당신은 언택트 시대에 잘 대처하고 있는 주인공이다. 직장 또는 팀을 주도적으로 이끌어 나가는 퍼스트 무버(first mover)다.

참고 문헌

- http://www.bloter.net
- https://news.samsung.com
- https://www.mobiinside.co.kr/2020/02/12/kmong-gig-economy-3/
- https://www.ebn.co.kr/news/view/1434854
- 홍기영, 플랫폼 승자의 법칙, 매경출판, 2020
- https://hrbulletin.netAgile at scale, Havard business review
- IT기업처럼… 애자일 조직 도입하는 카드업계 〈한국일보, 2018. 02. 20. 기사〉
- 현대카드 뉴스룸
- 장재웅, 상효이재, 네이키드 애자일, 미래의 창, 2019
- 긱이코노미 위기일까, 기회일까? 코로나19와 미국의 'AB5법'〈주간조선, 2020. 5. 25. 기사〉
- https://kmong.com
- https://www.idus.com
- https://blog.naver.com
- http://www.jobkorea.co.kr
- http://mustnews.co.kr
- https://cafe.naver.com
- 코로나 시대의 뉴 노멀, 스마트워크와 협업 툴, 동아비즈니스리뷰, 295호
- https://blog.naver.com
- https://dooray.com
- https://line.worksmobile.com
- https://slack.com
- https://www.zoom.us
- https://apps.google.com/meet/, https://hangouts.google.com/
- https://www.remotemeeting.com
- https://www.microsoft.com
- https://www.jandi.com
- https://line.worksmobile.com
- https://trello.com
- https://clickup.com
- https://www.collabee.co
- https://flow.team
- https://platum.kr